"中国劳模"系列丛书

中国劳模

热血丹心税务人
黄 丹

任琪琪◎著

吉林出版集团股份有限公司
全国百佳图书出版单位

图书在版编目（CIP）数据

热血丹心税务人：黄丹 / 任琪琪著. -- 长春：吉林出版集团股份有限公司，2024.3

（"中国劳模"系列丛书 / 徐强主编）

ISBN 978-7-5731-4127-9

Ⅰ.①热… Ⅱ.①任… Ⅲ.①黄丹-传记 Ⅳ.①K828.2

中国国家版本馆CIP数据核字（2023）第159094号

REXUE DANXIN SHUIWU REN：HUANG DAN

热血丹心税务人：黄丹

出 版 人	于　强
主　　编	徐　强
著　　者	任琪琪
组稿统筹	东北师范大学文学院创意写作研究中心
责任编辑	宫志伟
装帧设计	刘美丽

出　　版	吉林出版集团股份有限公司
发　　行	吉林出版集团社科图书有限公司
地　　址	吉林省长春市南关区福祉大路5788号　邮编：130118
印　　刷	唐山富达印务有限公司
电　　话	0431-81629711（总编办）
抖 音 号	吉林出版集团社科图书有限公司　37009026326

开　　本	710 mm×1000 mm　1 / 16
印　　张	8
字　　数	85 千字
版　　次	2024 年 3 月第 1 版
印　　次	2024 年 3 月第 1 次印刷

书　　号	ISBN 978-7-5731-4127-9
定　　价	45.00 元

如有印装质量问题，请与市场营销中心联系调换。0431-81629729

序 言

　　劳动创造财富，劳动创造幸福，劳动创造未来。习近平总书记在2020年全国劳动模范和先进工作者表彰大会上的讲话中指出："全社会要崇尚劳动、见贤思齐，加大对劳动模范和先进工作者的宣传力度，讲好劳模故事、讲好劳动故事、讲好工匠故事，弘扬劳动最光荣、劳动最崇高、劳动最伟大、劳动最美丽的社会风尚。"当今世界，综合国力的竞争归根到底是科技人才和高素质劳动者的竞争。改革开放以来，我们强大的工人队伍用辛勤的劳动和拼搏奉献的精神推动中国制造、中国智造、中国创造走向世界的前列，新时代的中国面貌日新月异。大力弘扬劳模精神、劳动精神、工匠精神，加强高素质技能人才队伍建设，打造一支宏大的知识型、技能型、创新型劳动者队伍，是伟大时代赋予我们的历史责任。

　　劳动模范是民族的精英、人民的楷模，是共和国的功臣。自改革开放以来，广大职工勇立改革潮头，独立自主，奋发图强，勇于创新，其中涌现出一批批全国劳模和大国工匠。他们参与建设了代表中国高度、中国速度、中国深度的一系列重大工程，提升了国家实力，打造了"中国名片"，树立了"中国品牌"，增添了"中国力量"，充分释放出工人阶级的创新活力，展示出大国工匠的强大创造力。他们以工人阶级的满腔热忱在各自平凡的工作岗位上取得了辉煌的成绩，书写了新时代的壮丽篇章。

爱岗敬业、争创一流、艰苦奋斗、勇于创新、淡泊名利、甘于奉献的劳模精神，崇尚劳动、热爱劳动、辛勤劳动、诚实劳动的劳动精神和执着专注、精益求精、一丝不苟、追求卓越的工匠精神，是广大劳动群众在社会生产实践中锤炼形成的弥足珍贵的精神财富，是工人阶级伟大品格的具体体现，是民族精神和时代精神的生动诠释。民族复兴需要劳动模范，祖国强盛需要大国工匠，中国制造、中国智造、中国创造更需要大国工匠的强有力支撑。劳模、工匠等的成长故事、先进事迹中承载的劳模精神、劳动精神和工匠精神，是激励全国各族人民团结奋斗、勇往直前的强大精神力量。

"中国劳模"系列丛书，采用图文结合的方式，讲述全国劳模、大国工匠和先进工作者们的成长经历及他们追梦、筑梦、圆梦的故事，用他们在平凡岗位上创造不平凡业绩的真实故事感染读者，推动形成劳动最光荣、劳动最崇高、劳动最伟大、劳动最美丽的社会风尚，引导广大技术工人和青少年形成劳动光荣、技能宝贵、创造伟大的观念。

"匠心筑梦，强国有我。"新时代是一个万象更新、生机勃勃的时代，也是一个继往开来、创新创业和建功立业的大时代。希望广大读者能以劳动模范为榜样，以大国工匠为楷模，立志技能报国、技术强国，踔厉奋发，勇毅前行，锤炼思想品格，汲取劳动智慧，勇于担当、勤于钻研、甘于奉献，为推进新型工业化和乡村振兴，为加快建设制造强国、质量强国、航天强国、交通强国、网络强国、数字中国、农业强国，全面建设社会主义现代化国家贡献青春力量。

中华全国总工会副主席（兼）

中国航天科技集团有限公司第一研究院

211厂14车间高凤林班组组长

2022年11月

黄丹，1975年生，广西百色人，中共党员，现居广东省东莞市望牛墩镇。曾在原广西东泥股份有限公司当过两年工人。1996年参军入伍，历任侦察排战士、连队文书、营部文书、旅政治部新闻报道员等职，其间参加1998年长江抗洪表现突出。退役后，于2002年进入东莞市税务系统工作至今。黄丹自幼生长在广西壮族自治区百色市田东县的一个小山村里，他的父亲是村里的党支部书记。黄丹自小学起就热爱学习，由于身处贫困山区，求学之路艰难坎坷，但他并没有自暴自弃，凭借积极进取的学习劲头和敢闯敢拼的精神一步一步从大山走出来，在社会的磨砺中不断成长，最终成为一名优秀的税务工作者，并积极投身助学行动和公益慈善活动。

2013年，黄丹在东莞市税务局望牛墩税务分局以"重大事项零差错、纳税服务零投诉、满意度百分百"的优异表现被评为东莞市劳动模范。

2014年，黄丹获得广东省五一劳动奖章。

2015年，黄丹以过硬的能力和突出的表现获评广东省税务系统的"纳税服务明星"。

2018年，黄丹荣获全国五一劳动奖章，他的家庭获得"全国五好家庭"称号。

黄丹曾多次参与公益助学活动，先后100多次到云南、贵州、湖南、广东、广西5个省区25个市县走访超过800户学生家庭，助学行程超过5万千米。他还积极参加公益宣讲活动，累计超过150场次。黄丹的无私奉献精神，让他得到了有关机构和部门的鼓励和嘉奖，先后获得了"东莞好人""东莞市道德模范""东莞市最美志愿者""广东省向上向善好青年""广东好人"等荣誉称号。

目 录

第一章　少小勤学伴书香

　　百色市地处祖国西南滇、黔、桂三省的交界处，邓小平等老一辈革命家曾于1929年在此领导、发动了著名的百色起义，建立了中国工农红军第七军，成立了右江工农民主政府。自此，百色便以西南出海通道进入广西腹地的"咽喉城市"的身份渐渐展现出自己的特殊区位优势。

　　作登瑶族乡陇那村，远在百色市田东县西南方向约35公里的大山深处。自明末清初起，陇那村就开始有人居住。时光交替，岁月更迭，陇那村人世世代代都在这片土地上勤劳耕耘。20世纪70年代中期，一个用双脚走出大山、丈量梦想的孩子在此启程，开始了他的精彩人生……

小荷初露角

　　陇那村方圆十里没有什么能够载入史册的名人，当然，黄继康、陆美季夫妇也是一对普通的农村夫妻。大山里的人们，祖祖辈辈都依靠在土里刨食糊口，以卖力气养家。

　　1975年11月，陆美季产下一子。看着自己的第一个孩子，初为人父的黄继康喜不自胜，对尚在襁褓中的儿子满怀期望。作为当年村子里为数不多念过初中的"文化人"，黄继康按照家族里的传统，延续"文"字辈，为自己刚出生的儿子取了乳名"文克"。他希望自己的孩子将来能够攻克文化堡垒有所成就，走出大山，成为一个有文化、有力量的人。

在父母的期望中，小文克一天天长大。农忙时，小文克的父母常常因为要打理庄稼无法时时陪伴在他的身边；农闲时，他们还要与村民一起去乡里采石，赚一些钱贴补家用。

一日，采石场因大雨无奈停工，无法继续干活儿的黄继康只好返回家中。他一走进家门，还未来得及擦干身上的雨水，就被眼前一大片密密麻麻的文字惊得目瞪口呆。当时年仅3岁的小文克居然在墙板上依葫芦画瓢写出了这么多字。黄继康大吃一惊，定睛细看，只见小文克以木板做的墙板为纸，以木炭为笔，有模有样地抄写着当时人手一本的《毛主席语录》。

小文克抄写在木板上的字惊住了黄继康，黄继康吃惊的表情也吓到了小文克。父子二人四目相对，以为自己闯了大祸的小文克吓得一动不动，准备面对即将到来的训斥。过了许久，黄继康从惊喜中回过神来。他看着墙板上的字，告诉儿子哪些字写得不对，哪些字写得不够美观。黄继康耐心地教着儿子这个字该如何读、如何写，那个字又该如何读、如何写。没有受到训斥的小文克也终于放下心来，跟着父亲认真地识字、写字。

在此后的一段时间里，家中里里外外都成了小文克的写字板。房间里的墙上、地上，房子外面的平地，甚至一些大块的平石上……凡是能够写字的地方，都可以看见小文克用木炭练习写字的痕迹。在那个十里八乡都没什么名人的陇那村，小文克还不认字便会写字的事儿迅速就在村子里传开了。一时间，小文克成了茶余饭后的热点人物。村里有一些迷信的老人说，小文克是被天上的文曲星摸过头的"小才子"。也有不少村民说，小文克将来肯定是握笔杆子吃饭的人。那时，黄继康听着这些话心里美滋滋的。可当时的他却怎么也没想到，长大后的小文克竟成了东莞市作家协会的会员作家——黄丹。

烧焗饭的小书迷

"小才子"的热度在陇那村的农忙中渐渐降了下来。在四季的交替中，小文克也到了该上学的年纪。在上学前，黄继康给小文克改名为"黄丹"。他希望儿子能够有文化，更希望儿子能够保持一颗赤子之心，学成以后做一个对国家、对社会有用的人。

昔日的"小才子"即将成为端坐在教室里认真听讲的小学生。他穿着母亲陆美季亲手缝制的土布新衣服、新布鞋，背着父亲黄继康当年参加文艺队时发的军绿色旧挎包，走在上学的路上，包上印着的"为人民服务"五个红字显得格外耀眼。

　　黄丹当时就读的小学是离家不远的陇那村小学。陇那村处于深山，那时候交通不便，因此孩子们都只能在村里的小学读书。村小学教书的老师少，上学的学生多，学校教室也并不宽敞，有时候一个教室要挤六七十个学生。当老师站在讲台上授课时，只有黑板前的那块地方可以活动，其他地方都塞满了课桌，就连教室的过道都坐得满满当当的，老师也不方便在教室里来回走动。所以，一些想要认真听讲的学生总是喜欢坐在前排。

　　在那个艰苦的年代，黄丹由于营养不良并且年龄较小，显得比同龄人更矮一些，因此就被老师安排坐在了讲桌下的第一排，从小学一年级到三年级，他都坐在老师的眼皮子底下。陇那村的教室年久失修，教室的门窗都已经坏掉了。每当窗外刮风时，粉笔灰总是被风吹得到处都是。三年下来，坐在第一排的黄丹便成了班级里"吃"粉笔灰最多的人，可他依然坚持坐在第一排。黄丹格外珍惜学习的机会，他认为只有坐在第一排才能更加清楚地听到老师讲课。

　　课堂上，黄丹认真听讲，奋笔疾书。课堂外，黄丹也没有停下获取知识的脚步。陇那村位于贫困山区，可供学生阅读的图书本来就很少。陇那村小学只有一个简陋的图书室，由于缺少经费，再加上时间久远，到了黄丹上学时，图书室里已经没有多少书籍了。在课余时间里，黄丹将图书室仅剩的各种版本的语录类图书看了一遍又一遍。这些书看完以后，他又开始在同学间借书看。可即便如此，黄丹也总会面临"书荒"，于是，他总是留意打听谁家有藏书。

功夫不负有心人，黄丹终于找到了新的"藏书阁"。那时，村里有一位叫黄文锋的老师，他与黄丹同族。当知道黄文锋老师家中有不少的藏书后，黄丹连忙去借。中午或者晚上一放学，黄丹就赶紧跑回家帮助农忙的父母做家务活儿，以便挤出时间去黄文锋老师家中借书回来看。黄文锋老师家中的藏书虽不算多，但好过陇那村小学的图书室。那些藏书中，有儒家经典著作《论语》，有《红楼梦》等四大名著，也有鲁迅、茅盾、老舍等著名作家的作品，此外还有一些历史书籍和各国探秘的地理书籍等，这些书籍满足了黄丹的阅读需求，让他大开眼界；它们犹如珍品，让黄丹读得出神，爱不释手。

陇那村的村民们几乎一整年都要在田地里忙碌，黄继康、陆美季夫妇也是如此。因此，与陇那村众多的孩子一样，黄丹也是小小年纪就帮助父母分担起了家中力所能及的许多家务。父母为了一家人的温饱在贫瘠的土地里日复一日挥洒汗水、播种希望。黄丹也要在放学回家后照看年幼的妹妹，生火做饭，年幼的黄丹在灶台边踮着脚尖，一边做饭，一边忍不住把借来的书拿出来翻着看。噼啪作响的柴火在灶膛里燃烧着，火光在斑驳的墙边映出一个瘦小的身影。

由于要帮助父母分担家务，黄丹自由阅读的时间其实并不充裕。他借了黄文锋老师的书又不好拖着时间，需要抓紧时间看完后早些归还，这样才好意思再借些新的书回来看。所以，只要一闲下来，他便抓紧时间阅读，教室里、田间、房檐下、灶台边，到处都可以成为他读书的地方。

一日，黄丹晚上放学回家，看到下地干活儿的父母还未收工，年纪尚小的妹妹已经饿得直嚷嚷，于是赶忙放下书包去安慰妹妹。可是没有吃食，再安慰也无济于事，黄丹看了一眼空空的锅，走向了装着玉米粒的粮缸。

地处山区的陇那村常年缺水，土地石漠化也十分严重。所以，村民们在贫瘠、干旱的土地上只能种一些耐旱的农作物，如玉米、红薯、马铃薯等。要是遇上老天爷赏饭吃，雨水充足的年份，村民可以在自留地上种一些蔬菜改善伙食。然而，这样的机会是极少的。因此，玉米粥便成了家家户户饭桌上最常见的主食。

要做玉米粥，首先得把晒干的玉米脱粒，再将其用石磨磨成玉米粉。水烧开后，将磨好的玉米粉慢慢撒进锅中，为了防止粘锅，撒玉米粉的时候得一边撒一边不停地搅拌，同时，还需要往灶里添柴火，一直到玉米粥煮熟。可家里磨好的玉米粉已经吃完了，锅里也没有剩饭，黄丹只能自己磨玉米煮玉米粥。

石磨有好几百斤重，年仅七八岁的黄丹十分瘦弱，要推动它对于黄丹来说是很大的挑战，可黄丹没有别的选择，只能硬着头皮，用尽浑身力气去推，好在比他小3岁的妹妹已经懂事了，黄丹在前面推着，妹妹也使出了浑身的力气帮忙，兄妹二人齐心协力，终于磨出了足够煮一锅粥的玉米粉。黄丹和妹妹小心翼翼地将玉米粉过筛，烧水煮粥。对此，黄丹早已熟练，再加上他一直惦记着借来的《西游记》，正读到大闹天宫呢，于是，他一边看书，一边搅动着锅中的玉米糊。灶台边，黄丹在孙悟空大闹天宫的情节中畅想齐天大圣的风采，可就在一恍神的工夫，黄丹闻到一股熟悉又令人沮丧的味道。由于看书看得太过入迷，黄丹把粥煮煳了。看着烧煳的一锅粥，黄丹心中五味杂陈。他既怪自己没有专心煮粥，又心疼那煮煳的粮食，更觉得对不住妹妹，让她又挨了一会儿饿，可是没办法，这锅粥煳得不成样子，黄丹和妹妹不得不用铲子将煳底的玉米面粥铲出来，然后刷洗一遍锅，重新煮粥。

这样的场景已经不止一次出现，黄丹经常因为看书把饭煮煳，每次他总是自责不已，然而在下次煮饭的时候他又忍不住翻出书来看。他喜欢阅读，渴望通过文字看到一个个不同于大山深处的世界。黄继康夫妇看着儿子好学的样子也不忍责备他，但总是烧煳饭也不是个办法，他们只好叮嘱女儿，煮粥时在边上多多提醒哥哥，情况这才有所好转。

作文课——人生一课

　　相比于同班的学生，热爱阅读的黄丹已经读了不少的课外书。按照惯例，进入三年级的黄丹就要开始学习写作文。黄丹的第一篇作文也恰如他以为的那样在全班当堂展示，可其中的滋味，却让黄丹终生难忘。

　　一个还不识字就能把字写得有模有样的"小才子"必然备受众人的期待，黄丹又是极爱阅读的学生，当时的他对自己的第一篇作文满怀信心。黄丹至今仍然清楚地记得，当时的语文老师黄继益布置的第一篇作文的主题是"记一次劳动"。在黄丹的印象里，劳动是家常便饭，是每天都在经历的事情。对于像黄丹这样在农村长大的孩子来说，劳动，就是他们人生的启蒙课和必修课。

　　黄丹参加过的劳动种类实在丰富。如果跟现在城里的孩子同班写这篇作文，那他一定会被城里孩子羡慕，种玉米、收玉米、挖红薯、割黄豆、喂猪、喂鸡……黄丹的脑海中闪过无数个画面，往日帮着父母劳动的记忆一涌而出。语文老师黄继益给学生们两天的时间去构思、写作。两天时间可以说是非常充足了，如果不是态度不端正，故意拖着不写，基本上没有学生完不成。

思来想去，黄丹终于在众多的劳动过程中选择出一个来写——喂鸡。可是，喂鸡的过程要怎么写才能更加生动呢？院子里的鸡咕咕叫着，黄丹在脑子里构思着。想着想着，他想到曾经去黄文锋老师家里借书的时候，翻阅过正在上四年级的堂哥课本里的一篇题目为《喂鸡》的课文。当时黄丹还特意多看了几眼，课文写得很是生动有趣。于是，黄丹一吃完晚饭，便带着作文簿跑去黄文锋老师家中"取经"。黄丹原本是想借鉴一下这篇课文是如何将喂鸡的过程描述得生动有趣的，但写着写着，他便不由自主地把整篇课文都抄在了作文簿上。抄完以后，黄丹沾沾自喜，他天真地想，反正这篇文章是四年级的课文，黄继益老师是三年级的语文老师，他一定不知道自己的作文是抄来的，既然如此，那就当成自己写的作文交上去吧。回家的路上，黄丹嘴角上扬，为自己的小聪明而扬扬自得。

两天后，班长将大家的作文簿收齐交给老师。语文老师黄继益利用上午的时间为同学们的作文做了批改，下午便拿着一叠厚厚的本子来到了教室做讲评。班长将同学们的作文簿一个个发到手里，唯独黄丹的作文簿没有立即发回。黄继益老师站在讲桌前，把黄丹的作文簿拿起来，对着全班同学说："我们班有一个同学写的作文很厉害。"大家屏住呼吸，期待老师揭晓答案。老师笑了笑，接着说道："他的作文已经'写进'四年级的语文课本里面去了。"同学们一脸惊讶，还未反应过来，坐在前排的黄丹已经羞红了脸，极度尴尬。

　　黄继益老师让黄丹站到讲台上把这篇"写进"四年级语文课本里面的"作文"给同学们朗读一遍。这时，教室里传来一阵阵窃笑。黄丹站在讲台上，捏着自己的作文簿，看着本子上自己抄写的文章，深感羞愧。听着同学们的笑声，黄丹一个字也读不出来。他想到自己当时投机取巧的小聪明更是感到无地自容，恨不得脚下有一条缝能立即钻进去。

　　写作文是一个向外表达自己思想和情感的过程，跳过了自己独立思考而轻易获取的行为，都是在摘取他人的果实。这样的结果是徒劳的，浪费时间而且毫无价值。只有从一个字到一个句子，从一个句子再到一段文字的构思，才是真正意义上的写作。或许是从那时候起，黄丹渐渐明白了：写作文和做人是一样的，凡事都需要一步一个脚印，脚踏实地地往前走。投机取巧的小聪明看似是在抄近道、走捷径，但这其实是一个愚蠢的选择。

　　三年级的黄丹在嘲笑声中暗下决心：今后要戒骄戒躁，踏踏实实学习，一步一个脚印地往前走。于是，他开始刻苦努力，奋发学习，并且养成了看书做读书笔记的习惯。他通过做读书笔记积累写作素材，构思写作技巧，在遇到有趣的事物时，他会尝试用文字表述出来，练习写作。经过一段时间的练习和积累，黄丹的写作水平不断提高，慢慢地，同学中没有人的文章比黄丹写得更好了。再到后来，黄丹从陇那村小学写出了山区，写向了更大的平台。

第二章 艰难坎坷求学路

白露秋分夜，一夜凉一夜。还未到中秋，陇那村的傍晚已然看得见半弯月牙。从村口向乡政府的方向，一群穿着土布衣裳的少年踩着满是黄泥巴的山路，脚下沾着初落的黄叶，一路从大山深处走来，黄丹便是其中的一员。在此起彼伏的歌声与欢笑声中，他们迈着坚定的步伐，走向外面的世界……

脚步丈量出来的梦想

1986年，还未满11岁的黄丹正式升入初中（当年小学为五年制）。新学期，新开始，黄丹踏上了新的征程。在同村的孩子里，黄丹是那一届升读初中年纪最小的学生。他和同学们跟着同村的三十几个哥哥姐姐一起从村里出发，步行前往学校。

每周日下午，陇那村的孩子们自然地形成一个队伍，浩浩荡荡地从村里出发去上学。由于初中学校离家较远，黄丹和同学们只能住校，直到下一周的周六下午才结伴回家。

在初中读书的每一个星期，黄丹和同学们都要如此往返一趟。从陇那村到他们就读的初中，单程有15公里的路程，每周一去一回便是30公里。春夏秋冬，风雨无阻。在黄丹上学的那个时候，从村里到乡政府所在地的12公里之间尚未通公路，所以他们走的都是羊肠小道。到了乡里，再走3公里铺有砂石的公路才能到达他们所就读的初中——作登初级中学。

当时，那所中学是作登瑶族乡唯一的中学，每个年级只有四个班。那个时候，山区学生的家庭条件都很困难，很多学生只能早早辍学进入社会打工挣钱，为家里分担经济压力。所以，在黄丹入学那年的下学期，由于辍学的学生比较多，黄丹所在的年级不得不缩编为两个班。看着同学们相继离开学校，黄丹越发珍惜这来之不易的学习机会。

秋收的时候，黄丹每到周六就早早收拾好自己的书包，一放学就跟着同村的孩子抓紧时间回家。因为在农忙的那几天，黄继康夫妇要抢收一年的粮食。黄丹一想到父母在辛勤地劳作，便不自觉地加快脚步向家中赶去。

进入初中后，黄丹明显感觉到初中阶段的学习生活和在陇那村读小学时有很大的区别，初中不像陇那村小学那般轻松，凡事都要靠自己努力。他想，慢慢长大的他也应该开始规划自己的人生了。

那时候，学校的食堂不像如今这样可以端着一个饭盒去打饭菜，喜欢哪个打哪个。那时候学生要从自己家里带米，再准备好蒸饭的铝饭盒，学校的食堂只负责给学生们蒸饭，并没有条件为学生们提供米饭。黄丹清楚地记得，蒸饭时，一般会由一个宿舍统一把饭盒放到一个铁条筐里码好，再由值日生抬去学校食堂蒸。一到开饭时，值日生再负责把整个宿舍的饭抬回来，大家按记号拿回各自的饭盒。吃饭时，如果学生没有自备的咸菜或熟菜，也可以再花一两毛钱在卖熟菜的阿姨那里买一份菜就着吃。

每到吃饭的时候，大家就能从盒饭的情况来判断哪些同学的家庭条件好些，哪些同学的家庭条件差些。在作登初中就读的学生们来自周边的各个村子。家住在靠河边村子里的学生，一般家境好一些，因为靠河住，这些村子有充足的水源种植水稻和其他农作物，所以这些学生通常带的是大米，蒸饭的时候他们还会在饭里面放上一块腊肉一起蒸。饭盒一打开，整个宿舍都香喷喷的。这腊肉的味道常常让来自大山深处的学生们无比羡慕，黄丹就是默默吞口水"团队"中的一员。陇那村位于大山深处，土壤肥力低，而且十分干旱，主要种植玉米。所以，黄丹和同村的孩子们一样，吃的自然多是玉米糊。

当然，大多时候，黄丹的母亲会为儿子炒上一大罐的玉米粒和黄豆做下饭菜。黄丹每周吃着母亲炒的玉米粒和黄豆，可以节省不少买熟菜的钱。黄丹虽然常常在别人打开饭盒的一瞬间偷偷吞口水，但从来没有因为自己吃得不如别人而自卑。他心中默默铆足了劲儿，在课堂上汲取知识。他想通过自己的努力让父母和妹妹也能像河边村子的人们一样，有条件吃上腊肉饭。

山区的村小学师资条件也相对弱一些，很多山区来的学生刚开始学习初中课程时显得甚为吃力，黄丹也不例外。尽管由于喜欢阅读，基础稍好，黄丹的语文成绩一如既往地好，但他偏科十分严重，其他科目都明显跟不上。这使得他在初中第一学期的期末考试成绩很不理想，排在班里的倒数第五，但这并不足以打击黄丹，而是让他愈挫愈勇。

寒假过后，黄丹帮助父母做完农活儿，便早早赶回了学校。他看着自己试卷上的错题，仔细分析了第一学期的考试成绩。在找到自己的不足后，他意识到了自己基础薄弱，也意识到了自己在上次考试中的粗心大意。此后，他沉下心来，加倍努力学习。黄丹在课堂上认真听讲，课后也一改腼腆的状态，积极请教同学和老师。知道自己偏科严重，他便将更多的精力用在基础薄弱的学科上。越是害怕，越是存在短板，便越要重视并及时补足。每到课余时间，黄丹便拿出自己的笔记反复琢磨，他坚信没有不能攀越的高山，日复一日地坚持学习。功夫不负有心人，经过一学期的奋起直追，黄丹终于在第二学期的期末考试中打了个漂亮的翻身仗。同学们都没有想到，那个从山里来的小个子黄丹竟然在短短一个学期里通过自己的努力从班级倒数第五名一跃成为班级前三，真是令人佩服。

1987年下半年开学前，也就是黄丹在第24班读完初中一年级后，他生了一场大病，被迫办理休学手续，住院治疗。出院后，由于身体虚弱，他只能继续休学在家。过完年后，父亲问黄丹是否要提前返校读书，黄丹认为自己中途返校肯定跟不上学习进度，加上已经办理了一年的休学，所以他暂时放弃了返校。但身体已经恢复了的黄丹并没有闲着，他跟着父亲去登高村百货屯远房亲戚家附近的山坡上开荒，种植木薯和生姜。由于家中自留地有限，且陇那村的土地石漠化比较严重，黄继康只能带着儿子去别处的山坡上开荒，种一些可以售卖的农作物赚取额外的收入来补贴家用。待到木薯和生姜成熟后，黄丹和父亲再将其挖出来拿到乡里的集市上售卖。辛苦半年，黄丹终于攒够了即将到来的新学年的学杂费。

当同龄人在教室里朗诵诗文的时候，黄丹在黄土坡上挥汗垦荒；当同学们在腊肉的味道里思念家中的父母时，黄丹在父亲的身后扛着装满木薯和生姜的麻袋艰难前行。黄土山坡上的道路蜿蜒崎岖，可黄丹一声不吭地跟着父亲一步一个脚印踏踏实实地干活儿。半年下来，黄丹的双手已布满了茧子，但在他和父亲的努力下，他们小家的生活也得到了改善。当黄丹把最后一袋木薯和生姜背到乡镇集市里的小摊上时，他的吆喝声中充满了对生活的希望。

1988年9月，黄丹重返作登初级中学。心中满怀希望的他插班到了新一届的第27班读初二。这个班的班主任叫罗赋强，教语文课。罗赋强老师是时任校长罗灵身的儿子，他至今仍坚守在教师岗位。虽然黄丹在初一时的成绩名列前茅，但在休学的这一年里，他暂时脱离了课堂，重返校园的黄丹已经和其他同学有了些许差距，他需要比其他同学付出更多的时间和努力来适应初二的课程。班主任罗赋强看到黄丹这么努力，也时常给予他鼓励和指导。能够再次回到学校，黄丹也更加珍惜读书的机会，除了课堂上全神贯注听讲，他还常常阅读一些文学作品来积累素材，以提高自己的写作能力。

就这样，经过不懈地努力，1990年中考，黄丹考出了理想的成绩，达到了高中的录取分数线。令人惊喜的是，黄丹在中考时作文拿到了满分，这让罗赋强老师感到十分骄傲和自豪，他也因此记住了黄丹。25年后，也就是2015年，黄丹在家乡公益助学走访大板希望学校时重逢恩师罗赋强。这么多年过去了，罗老师对黄丹依然印象深刻。他们再次相见，感慨万千。罗赋强老师说自己一直记得这个叫黄丹的学生，因为黄丹是他执教以来唯一中考作文拿了满分的学生。

走进城市与"三战中考"

人生的选择很难由自己的心愿决定。尽管黄丹的中考成绩已经达到高中的录取分数线，中考作文也拿到了满分，可他怎么也高兴不起来。

1990年的7月，看着一贫如洗的家，15岁的黄丹默默将自己的志愿改成了中专学校。那时，能考上中专学校基本上就不用花什么钱了，毕业以后还可以分配工作，这对于像黄丹这样的家庭来说是最佳选择。但可惜的是，黄丹落榜了，他没能被中专学校录取。因为在那个年代，像黄丹这样家庭状况不好的学生不在少数，报考中专学校的学生不计其数。可中专学校的招生名额有限，许多成绩高于黄丹的学生选择了中专学校，黄丹便无缘入学了。黄丹报考中专学校落榜，家里也没有足够的钱供他直接去念高中。当然，家里也无力再支持他复读一年。就这样，在母亲偷偷抹泪的背影下，在父亲一言不发的叹息中，黄丹摸了摸还在睡梦中的妹妹的头，背起行囊离开了陇那村。

天还未亮，黄丹便从陇那村的村口出发。这一次，山路上没有此起彼伏的歌声与欢笑。山上的树木因为朦胧而显得郁郁葱葱，黄丹边走边随手摘下路旁的树叶叼在嘴里，露珠浸润了草木的甘甜，黄丹从齿间感受到了隐约而现的生活本该有的滋味。在朦朦胧胧之间，山石被草木遮了起来，不似往日赤裸的狰狞。黄丹心想，要是村里的庄稼也能这样茂盛就好了。父母辛苦一年，能够收获满仓的粮食，孩子们也能安心读书。如此，他们便不用小小年纪就出去打零工养家了。出山的小路上已经长出了比往日更多的荒草，黄丹看着这些荒草不由得想起了昔日结伴同行的伙伴。曾经浩浩荡荡的求学队伍，如今还在坚持读书的同学却已经所剩无几。在这条通往外面的山路上，有人背负着家庭的重担走了出去就再也无法走回来。他们一头扎进了生活的泥潭中，书香的芬芳已经无法在他们的人生中结果。刹那间，曾经的美好就这样结束了，纵有万般不舍，却也无可奈何。

晨光初现，黄丹也出了山。他回首看看来时的山路，坎坷、崎岖，但他内心坚定：没有一步路是白走的，一定不能就此自暴自弃。他把荒草都踩在脚下，向城里进发，前去追随表哥。

那时，黄丹的表哥黄文雷已早早步入社会，他已经成为水电安装的小包工头。1990年的下半年，黄丹跟着表哥等一帮人在县城的一些建筑工地上打工。黄丹干的活儿就是跟着建筑队给新建的楼房装水管、拉电线，有时也会干一些电焊的活儿，这些活儿对于一个15岁的孩子来说是十分繁重的，水管、电线的重量并不轻。既让人庆幸又令人心疼的是，黄丹打小就已经习惯了帮父母干农活儿，搬搬扛扛，也练了些力气，比起小时候帮父母背装满玉米的麻袋，水管和电线的重量黄丹完全承受得起。比起扛麻袋、水管和电线，黄丹想得更多的是如何背负自己的人生。

黄丹在县城的第一段零工生活在农历新年之际结束，离家半年之久的他终于坐上班车踏上了归途。半年来，黄丹辛苦忙碌，而此时的他把行囊抱在怀里，看着车窗里的自己，脸庞上少了许多稚气。班车到站后，黄丹背着自己的大包小裹下车。他站在路边，看着轰鸣的班车拖着黑色的尾气从身旁驶向远方。身后的小道依旧长满杂草，不过那些草在凛冽的寒风中没有了往日的葱郁，歪歪扭扭地贴在石头缝里，任凭黄丹踩着。

进山，向陇那村走去。黄丹想到自己学了些技术，心中盘算着如何向父母言说自己的经历。县城的许多新楼盘一个赛一个高，他以后也要带父母和妹妹去看一看。黄丹走在山路上，不觉间喘着粗气，看着手中的行囊和购置的年货，心中一酸。其实半年来虽然勤勤恳恳，但他也没赚多少钱。他心中深知，打零工不是长久之计，就算累死累活一辈子也只不过混个温饱，要想真正改变命运，靠打零工几乎不可能有出路。走了半天，气喘吁吁的黄丹终于看见了远处的山坡上升起的袅袅炊烟。他打起精神，快步向前，走进村子后，没路过几户人家，黄丹就看见了前来迎接自己的妹妹。妹妹深受黄丹的影响，平日里也是手不释卷。天色渐晚，黄继康家比往日多了一丝光亮。一家四口在灶台热气的蒸腾中说说笑笑，直至深夜。

过完年，黄丹没有再进城。1991年的春天，16岁的黄丹留在陇那村帮父母干农活儿。春分前后，他跟着父母翻地、造墒、播种。在这段时间里，黄丹日日埋头苦干。忙完农活的间隙，他叼着刚刚抽出嫩芽的草尖遥望着山外，想的还是在作登初级中学读书时的场景。黄继康夫妇看着儿子干活儿时眉头紧锁的样子，心里也明白儿子的苦闷。他们知道儿子黄丹不是干力气活儿的料，他应该是拿笔杆子的命，他不应该为了家里的一亩三分地就此断了前程。在玉米种进地里以后，黄继康夫妇劝说儿子重返校园，他们希望儿子复读一年考上一个好一些的中专学校。黄丹一开始有所顾虑，但又想到一直打零工和种地也不是出路，自己辛苦半年也没有改变什么，他心中感到无奈。外面的世界确实要比村里好太多，要想活出个名堂，就得走出陇那村，走出大山。

黄丹决定复读时，原27班的同村同学陆绍练落榜后也正欲复读，他们便一起前往林逢初级中学补习。但由于时间仓促，加上脱离校园太久，黄丹意识到以自己当前的复习情况，没有什么把握应对中考，就算去报名参加考试也是浪费时间和金钱，所以黄丹并没有报名考试，而是又找到了表哥，跟着他去打零工贴补家用了。他想先替父母分担一段时间的负担，再考虑复读的事情。

不论是正确还是错误，人终究要为自己的选择付出代价。黄丹再次走进县城，走进工地，他的心中少了些昔日的无奈。在多个工地的辗转中，他开始把心沉下来，认真做好手中的工作。头脑灵光的他很快就能上手给石油勘探队架高压线、焊接输油管和小型储油罐等技术活。没过多久，黄丹初中毕业的二堂弟黄柏由于无事可干也来到了黄丹所在的工地打零工。因为工地比较多，表哥黄文雷让黄丹、黄柏跟着一个叫黄欢的工头干活儿。黄欢带的安装工程队施工工地在滇黔桂石油勘探局田东炼油厂新建的招待所，看着刚刚进入社会的黄丹、黄柏兄弟俩，工头黄欢把水管安装的活儿都包给他们。黄丹之前有过安装水管的经历，黄柏也很快学会了镀锌管手动开牙、打洞架管、安装试水这些程序。慢慢地，兄弟二人很快可以独立完成安装水管的一系列工作，好像他们已经掌握了能够自立门户的本事。工头黄欢看着这对堂兄弟这么年轻，心中觉得实在可惜。

黄欢为人良善、仗义，黄丹跟着他干活儿时，尊称他"大哥"。黄欢深知社会的艰辛，又遗憾自己知识的匮乏，他看到年轻的两兄弟还来得及回头，总是忍不住劝说他们多读书，最好趁年轻继续回学校读书，要知道如果不掌握更多的知识技能，就只能靠卖苦力去挣一些少得可怜的辛苦钱。一步错，步步错，黄欢太明白其中难熬的滋味了。在最该读书求学的年纪放弃了机会，待到日后难免追悔莫及。黄丹当时的年纪尚有机会去改变人生，如果不去读书，那将和黄欢一样，一辈子都得靠卖力气去赚辛苦钱。

国庆节前夕，黄丹的奶奶因病去世了。黄丹和黄柏兄弟二人为了回家奔丧，不得不提前和工头黄欢结算了工钱，返回陇那村。在处理完奶奶的后事之后，又正好到了秋收的季节，黄丹留在陇那村，帮着父母干些收玉米、犁地的农活儿。忙完家里的活计后，差不多又过去了两个月，这个时候，已经临近年关了。黄丹思前想后，觉得年底出去也揽不到什么活儿，即使揽到了活儿，过年前也很有可能干不完，交不了工。所以，他暂时放弃了外出打工的念头，一直留在村子里直到过年。

在冬日的暖阳里，黄丹看着光影从秃树的枝丫间透过来，孩提时写过字的青石板上依稀可见他小时候写的字，那个曾被称为"小才子"的黄丹已经很久没有执笔写字了，他几乎要看不清自己的心了。黄丹听着邻家小妹的读书声，不禁想起了往日端坐在黑板前的自己。读书声往他心里钻，可家里的情况却……黄丹低下头，看着自己的双手，这已然是一双布满茧子的手了。他索性把手背过去，闭上眼睛在暖阳下继续感受这短暂的只属于自己的时光。

1992年黄家的春节比往年的春节更热闹些，这是因为黄丹打工挣到的钱让家里难得地略有宽裕。这一年的新年虽然比上一年好过，可父母和妹妹的心里却总是因为黄丹的学业而不是滋味。春节过后，黄丹依旧帮着父母做春耕的农活儿，而他做农活儿的时候，总会扛着锄头遇到陇那村小学的学生们。他们一个个从黄丹的身旁路过，让黄丹的心变得无法平静，但是黄丹仍然把头埋在黄土里为家人刨食，他心里想着，出去打工干久了就不会再难受了。黄继康、陆美季夫妇心里明白儿子的懂事，也不愿意让他把前途就此舍下。春耕结束，黄丹的父母和他语重心长地聊了一番。亲戚朋友们觉得黄丹不读书太可惜了，也都纷纷劝说他重返校园，加上之前打工的那段时间工头黄欢常常劝说他，黄丹内心感触良多。工头黄欢早早进入社会赚钱养家，但多年来的打拼也都是赚些辛苦钱，黄欢的经历和现状令他看清了打工的诸多不易，让他意识到了打零工终究不是长久之计。最后，黄丹终于放下了思想包袱，决定再次复读。

通过两次的打工经历，黄丹真正明白了自己的心：读书才是他走出大山、摆脱穷困真正的出路。他不再犹豫，重返校园的他对于读书有了更为强烈的欲望。

上一年与黄丹一起在林逢初中补习的陆绍练又落了榜，因此，黄丹再次和他结伴同行向山外走去。这一次，他们要去的是邻近的德保县隆桑镇初级中学。早前，黄丹就已经听说过这所小有名气的学校，虽然德保县隆桑镇初级中学与自己的村子离得不远，但从村里去那也得至少步行三个半小时的山路。其实，从陇那村走到乡里搭乘班车更快一些，可黄丹和陆绍练早已经习惯了走山路，他们决定把搭乘班车的费用省下来。听说隆桑镇初级中学的教学质量很高，黄丹和陆绍练二人走去学校的路上并不觉得累。走向山外的路尽管艰难，但二人是满怀期待的。

少年易老学难成，一寸光阴不可轻。黄丹在隆桑镇初级中学努力学习，朝着自己向往的方向奋斗。日子一天天过去了，黄丹一心扎在书堆里，他深知这次中考的重要性和复读的来之不易，于是全力以赴地备战中考。功夫不负有心人，待到中考发榜的时候，黄丹的中考成绩在全县的考生中排在了前列。黄丹原本想的是只要超过中专学校的录取分数线就可以了，但通过这段时间以来的不懈努力，他的分数已经远远超出了自己的预期。

中考分数出来以后，学校的老师们都建议黄丹去就读师范学校，这样的话他毕业以后就可以做一名教师，今后就相当于端着铁饭碗吃公粮了。教师是一个十分受人尊敬的职业，读师范院校确实是一个很不错的选择，但黄丹却没有报师范学校，他想走一条选择更多的路。有了两次在外打工的经历，黄丹看待问题有了更为开阔的视野。他通过与别人的接触和交流了解到，自己如果选择读高中再上大学，以后的人生会看到更多的风景，将来选择的道路也会更加宽广。未来是美好的，前途是光明的，黄丹坚持自己的想法，报了县里的重点高中——田东中学。凭借自己优异的成绩，黄丹最终被这所重点中学录取了。

那个从山里一步一步向外走的孩子虽然历经风雨，却从未止步……

在重点高中里的"煎熬"

1992年9月，黄丹意气风发地来到了田东中学。报到注册的那天，黄丹穿的是那件印有"《中外少年》杂志社"字样的文化衫。这件文化衫是黄丹的骄傲，早在初中的时候，他便在这个杂志上发表了几篇文章。值得一提的是，黄丹在参加该杂志组织的征文比赛时还获了奖，这件文化衫就是杂志社赠送给他的。黄丹穿着这件文化衫，心里无比自豪。他认为那件文化衫独一无二，让他走在田东中学的校园里时加上了一道耀眼的光环。

田东中学是1937年创办的，创办以来教学质量一直很好。黄丹走在校园里，看着眼前崭新的一切，感到前所未有的兴奋与幸福。微风拂动他的衣襟，他踏着轻快的步伐在校园的各个角落感受秋阳。大概是因为此前在社会上的历练，黄丹经历了大多数同学都没有经历过的事情，所以他的身上有着超越同龄人的成熟。

黄丹从小语文成绩就拔尖儿，理科的成绩不如文科的成绩理想，加上他热爱文学，热爱写作，在文理分科时也就自然而然选择了文科班。文理分科以后，黄丹学习更加认真，除了日常的课堂学习以外，他对于写作更加投入。那个时候，文学世界里的侠客让黄丹崇拜不已，他时常畅想自己仗剑游历、恣意潇洒的画面，每当觉得心中郁闷时，他就通过阅读武侠小说来排解苦闷。此后，随着黄丹的阅读量增加，他开始尝试自己写作。中学时期，黄丹曾写了十多本武侠小说，这些作品在同学间争相传阅，让他人气大涨。同学们的认可给了黄丹继续写下去的信心，也为他后来的写作道路打下了基础。

在高一、高二的两年时间里，黄丹不仅学习认真，还积极参加班级里的各项活动。他凭借着自己的能力和人气，当选为班里的副班长兼团支部书记。丰富的校园生活让黄丹暂时忘记了生活拮据带来的烦恼。但进入高三以后，他便不得不思考自己毕业后的出路。每当夜深人静的时候，黄丹的脑海中便总是浮现出那深山里的泥泞小道。曲曲折折的羊肠小径上满是荒草，那些清脆的歌声在耳边越来越远，在梦中却时常出现。一个个用编织袋打包好的行囊背在稚嫩的肩膀上，踩着荒草向山外走去的场景反复在黄丹的脑海中晃来晃去。母亲的叹息声，父亲无可奈何蹲在门外的背影，二叔、三叔轮流接济他读书时紧锁着的眉头，都在只属于自己的时刻里刺痛着黄丹的心。

相比于田东中学里的其他同学，黄丹来自更为偏远的陇那村，这让他的高中生活多了许多比同龄人还要煎熬的经历。黄丹家中除了父母种地的微薄收入外，几乎没有什么其他的收入来源，家里的经济条件不富裕，无法支撑黄丹在读高中期间的学费和生活费。那时，黄丹的二叔和三叔在水泥厂工作，他们二人轮流接济黄丹家，也有一些爱心人士来学校里开展爱心助学活动，黄丹也获得过几次助学金。这样，黄丹才勉强读完了高一、高二。

生活和学习的双重压力让进入高三的黄丹有些喘不过气来。看着家里的经济状况并没有多大的改善，黄丹感到自己无法安心坐在教室里读书了。恰巧1994年的11月初，也就是黄丹就读高三上学期的期末，他得知当地的一家国营水泥厂正在招考工人。经过学校的同意，黄丹参加了那家国营水泥厂的招工考试，并顺利通过。于是黄丹便以半工半读的形式，一边打工赚钱一边复习备战来年的高考。

峥嵘往昔，黄丹选择了一条异常辛苦的道路。他既要克服生活带来的苦难，又要朝着光亮的方向前行。如果黄丹生活在今天，也许就不用担心自己的学费，不用因为闻到别人饭盒里的腊肉香味流口水，那他也会像小时候那样背着书包满心欢喜地端坐在教室里安心读书。当时与黄丹一同入学的同班同学黄少英于1995年考上了北京大学，成为田东中学建校58年以来首位考上北京大学的学生。如果黄丹也有条件安心读书，凭借他的才华和努力，一定也会拿到心仪大学的录取通知书。可惜的是，水泥厂的工作十分忙碌，对于一个高中还未毕业的青少年来说工作强度太大了。他不仅要工作，还要复习功课，黄丹很快就感觉到力不从心。在高三下学期的半年时间里，黄丹因为没有老师的系统指导，光靠自己复习显得十分吃力，加上还要上班，不能把精力都用到复习上。所以高考成绩并不是很理想，最终无奈落榜。

落榜以后，黄丹纵有千般不甘，也不得不在生活的重压下，忘却悲伤，努力工作赚钱。经过了半年的工作调整，黄丹已经渐渐适应了工作岗位，加上当时他认为自己能够领到一笔改善家庭生活的工资，所以也没有再考虑升读中专或者复读一年来年再考。黄丹选择暂时放弃去大学校园学习的梦想，在水泥厂的车间里寻找一条新的出路。

那时，黄丹在生活上过得很苦，但他却深深铭记着许多温暖，他打心底里感激那些曾经在他读书时开展爱心活动的人士，他们的资助让黄丹感激不已，那些没有留下姓名的爱心人士成了黄丹心中的无名英雄，至今他都心存谢意。也就是从那时候开始，黄丹的心中便埋下了一颗反哺社会的种子……

第三章　砥砺奋斗展风采

正如陇那村出村的山路，黄丹的求学之路也是千般曲折。在兜兜转转、反反复复中，那个少年直面生活的苦难，用自己的双手搏出一条新的道路……

从黄土地到水泥厂

黄丹考进的水泥厂就是当时田东县十分有名的东泥公司。东泥公司的全称为广西东泥股份有限公司，其前身是广西百色地区的田东水泥厂。这家水泥厂始建于1966年，1970年建成投产，1994年改制为国有控股的股份有限公司。它位于广西百色市田东县城的南郊，在其鼎盛时期有两条旋窑水泥生产线和三条机立窑水泥生产线，每年总生产能力为75万吨。东泥公司是当时国家建材工业大型企业、广西水泥骨干生产企业，是桂西水泥生产龙头企业。

东泥公司在20世纪90年代发展得十分不错，在当时的田东县可谓是家喻户晓。如今在田东县县城的街上，随便拦住几个上了年纪的路人，询问他们是否知道东泥公司，他们几乎都能说出来这个公司的前世今生。

黄丹去东泥公司工作并不是心血来潮，而是"蓄谋已久"。

他在高三的第一个学期听闻东泥公司由于扩建正在大量招工，他便动了心。在黄丹参加招工考试前，他的二叔、三叔已经在东泥公司工作好多年了，二叔的大儿子，也就是黄丹的二堂弟黄柏也早在黄丹读高中的时候就进入这家公司工作了。

那个年代，正值中国经济飞速发展的时期，各地基础建设如火如荼，因此，那时候的水泥非常畅销。自然，水泥厂的工人收入在当时也比别的单位要高出很多，能进入水泥厂当工人在那个年代是田东县人人羡慕的事情。黄丹思前想后，觉得自己如果能够通过招工考试进入东泥公司，首先可以解决家里的生活困难问题，其次还能通过这个机会走出大山跳离农门。

黄丹在去参加东泥公司的招工考试时，他的同班同学韦忠孝也一同参加了。由于参加招工考试的时候，黄丹他们已经进入了高三第一学期的期末，那时候已经学完了高中阶段所有的课程。因此，招工考试对于他们来说是相对容易通过的，并且黄丹对于离开学校进入东泥公司做工人的愿望比较强烈，他也为此做了很充足的准备。所以，没过多久，东泥公司第一批录用工人的名单就公示了出来，黄丹和韦忠孝如愿通过了考试。

在通过了招工考试后，黄丹顺利进入水泥厂工作。这是他经过多少个日夜深思熟虑后的选择，也是他真正走向工作的第一步。黄丹与同批新招录的工人在11月底办理了入职手续，当他们填写入职材料时，黄丹才知道他们这批新招录的工人是农民合同工，与原来的那些带有国有企业编制的工人存在差距。黄丹心想，既然铁了心要做工人搏一条出路，也不在乎这个差别了。所幸当时还有一个政策，就是每年都会有优秀的农民合同工可以通过考核转为有正式国有企业编制的工人，这让当时的黄丹倍受鼓舞，他下定决心留在东泥公司好好干。这也使黄丹第一次深刻地意识到了知识的含金量，他暗下决心，一定要保持学习的热情，要通过知识来改变自己的命运。

签了合同后，黄丹很快就被安排到了生料车间的岗位。生料车间的主要工作任务是把原料车间输送过来的石头、黏土、煤、铁粉等各种原材料按照一定的比例进行混合，混合之后，将这些原料磨成生料粉，最后输送到立窑经过高温烧制成为熟料，待熟料烧制好再次研磨成为细粉，水泥制作部分的最后一道工序也就完成了，待到包装后，便是成品了。

生料车间是一个比较重要的车间，工作内容也需要有一定的义化基础。大概是因为黄丹有高中文化水平的优势，当时他在车间的工作被安排在相对比较轻松、比较好的岗位，也就是微机控制室。如今很多人已经不太了解什么是微机，事实上它就是一台配置比较简单的电脑。黄丹的工作职责就是通过微机控制原料车间输送过来的水泥原料，搭配好后输送到磨机研磨成粉。

黄丹至今仍然记得当时负责教自己的师傅——陆新保。陆师傅是水泥厂周边村子里的人，下了班就能立刻回家。他的性格十分随和，为人很好，也比较好说话。黄丹的接受能力比较强，也愿意吃苦、用功，他跟着陆师傅认真学习车间操作的各种技术。在黄丹的认真琢磨下，不到半个月他就熟悉了岗位上的各种操作。

20世纪90年代的工厂，自动化程度较低，水泥厂里的大部分机械都是需要手工操作的，生料车间的机械也常常会出现原料输送至生料库堵塞的问题，一旦发生堵塞，只能由人力抢修机械，手动铲料。这时候，往往需要一个工班十几号人突击铲料，工友们在各种原料中忙得灰头土脸。突击铲料的工作虽然很累人，但是大家却并不觉得辛苦，心中充满了干劲儿。

东泥公司的生产生活不比田东中学的校园生活丰富，但工人们的夜生活比较活跃。一个车间有四个工班，每一个工班有十几名工人。当时实行三班倒的轮班制度，早上八点到下午四点是白班，中班是下午四点到晚上十二点，零点到早上八点是夜班。当时和黄丹同一批进入东泥公司的新工人也没有什么优待，同样被分配到各个工班里。

在东泥公司的两年工人岁月中，黄丹并没有因为离开校园而就此放弃吸收书本知识，他的业余时间几乎都在看书学习。东泥公司的图书室里也有不少藏书，每当下班后或者休息日，黄丹就会跑去公司的图书室借阅书籍。他钻到书堆里，把自己以前没有看过的书几乎都阅读了一遍。除此之外，黄丹还在上班之余写了很多文章向报纸杂志投稿，其中不少作品被当时比较知名的杂志，如《现代青年》等采用发表。一时间，黄丹成为东泥公司里小有名气的"作家"。东泥公司的宣传部缺人手，便常常借调黄丹去帮忙策划一些黑板报，公司宣传部的同事还带着黄丹参与编辑公司的内部刊物，让黄丹有机会接触和学习文字编辑的相关工作。

由于黄丹十分好学，并且文字能力十分突出，东泥公司的团委也认为黄丹年轻有为，觉得他是个不可多得的人才，有意对他进行培养。1996年5月，黄丹被推举并当选为车间团支部书记兼任公司团委宣传委员。在担任团委宣传委员期间，黄丹也积极向前辈取经，以认真的工作态度和精湛的业务能力赢得了东泥公司一众同事的好评。

按照黄丹在东泥公司的发展势头，他的工作前景还是很不错的。可惜的是，好景不长，从黄丹担任团委宣传委员的下半年开始，东泥公司由于经营不善，逐渐失去了昔日的辉煌，再加上当时市场上的水泥十分畅销，各个水泥厂纷纷增加产量，导致市场上对水泥的供应量不断加大，供过于求。如此一来，同行之间的竞争愈加激烈，东泥公司在这样激烈的市场竞争中败下阵来，水泥的销售量也呈现出断崖式下跌，公司很快就陷入困境。为了保证公司的正常运转，东泥公司的管理层决定开始分批裁员。一旦开始裁员，像黄丹这样的农民合同工自然首当其冲。黄丹的危机意识十分强烈，裁员消息一经发布，他就开始思考退路。他认为，与其被动地等待别人来决定自己的命运，不如自己主动出击寻找一条新的道路。黄丹认为自己还年轻，可以勇敢地闯一闯，要敢于迎接新的挑战。因此，在1996年的10月份，黄丹得知自己的年龄符合参军入伍的条件后，他便毅然地离开了东泥公司，决定报名从军。

从陇那村到田东县，从学生到工人，黄丹在二十年的时间里在各种变化中不断调整着自己的人生方向，尽管是深一脚浅一脚，但还是留下了属于自己的精彩年华。黄丹依然向前迈着步伐，那么这次投笔从戎，又将会是怎样的征程呢？

橄榄绿里博荣光

离乡参军

一旦下定决心，便坚定地朝前走去，所有遮挡前路的荆棘都能被蹚平。蹚平，踩在脚下，心中便又会更加明晰。黄丹是坚定的，他的前路也自然因他的努力而变得平顺起来。报名参军后，黄丹的体检、政审一路顺利，终于，在1996年的12月，21岁的黄丹开启了他的人生新阶段——军旅生涯。

入伍那天，再次离开陇那村的黄丹没有拎着编织袋，他的父母也没有了往日的愁容。看着清晨雾蒙蒙的陇那村，黄丹感到一丝淡淡的离别的忧伤，黄继康和陆美季夫妇看着儿子恋恋不舍地出了家门，心中纵有不舍，但更多的是欣慰和高兴。中华儿女多奇志，怎么能因为一丝留恋便舍下远方的追求？黄丹深知，如果自己继续留在陇那村种地，很难改变这种靠天吃饭的生活，只有真正出去看看外面的世界，在军营中学习、历练，自己才会有所成长，等到有能力时，他一定要为家乡做些什么。或许是心中充满干劲儿，黄丹出村的时间比往日短得多，山路仿佛不再像记忆中那样曲折，石头山上的树木和杂草也竟然变得温顺许多，没有什么再能阻挡他朝山外走去。

接送入伍新兵的车辆排成一排，胸前的大红花像在陇那村小学获得的奖状一样耀眼夺目。荣光在心里，荣光也在脚下。车辆开始启动，车轮滚滚向前，渐渐离开了黄丹熟悉的土地、熟悉的味道。由于田东县距离参军的驻地较近，黄丹成为当年第一批到达该部队的入伍新兵。

军营新秀

新兵连的训练十分严格，黄丹更是以非常高的标准来要求自己。在军营中，他学会了令行禁止，学会了坚持到底，他在雨水、泥泞中练习着队列队形，在一声声口令中淬炼着军人的本色。

因为在新兵连表现突出，训练结束后黄丹被分到了侦察排。由于军事技能过硬，加上拥有高中文凭，他很快就在侦察排的众多战士中脱颖而出。在侦察排待了三个月后，黄丹被调到连部当军械员兼文书。在调去连部的一年后，黄丹又被调往营部担任军械员兼文书。在营部工作的时候，黄丹也没有停止读书学习，渐渐地，他的文笔比以前更加出色。后来，因为文笔好、工作能力强，黄丹又被调到了政治部担任新闻报道员。

黄丹的一次次进步并不是偶然，更不是运气的眷顾。一个人的成绩和他的付出是有着很大的关系的。黄丹自离开陇那村的那一刻，就下定了决心要在部队好好干。从新兵连的刻苦训练到训练之余的自律，黄丹从来没有忘记自己的初心。或许是因为曾经有过两年的工厂工作经历，无论是在训练中还是在读书学习上，黄丹都能一直保持积极主动，因此也受到了许多人的关注。当时的驻地首长和干部们都比较熟悉他、了解他，连长肖恒富、副连长王建军、营教导员吴平波，甚至所在部队首长也都对黄丹赞赏有加，并且在看到了黄丹身上的干劲儿和能力后，都希望能够对他重点培养。

除了过硬的军事本领以外，黄丹在进入新兵连后就开始加强自身的政治理论学习，自1998年起，他通过个人努力，在政治理论学习和学雷锋活动中表现突出。并且，他还连年获评为部队的

"政治理论学习先进个人"以及"学雷锋学李向前先进个人"等。黄丹在部队里的优异表现有目共睹，他的先进事迹和表现还登上了《解放军报》和《解放军画报》，黄丹至今还保存着当时《解放军画报》的高级记者车夫为他拍摄的那张照片。

在进入部队的第一年里，黄丹感受到了和平盛世带来的机遇和个人发展的荣光，他心中无比感恩，比刚入伍时更加坚信自己选择的道路。

柳州的夜空很美，他常常在夜里读完书、写完信后，看着远处闪烁的星星。"那是颗什么星呢？似乎不像是北极星，但那个星星的位置却是远在四百公里外的田东县的方向。在陇那村的父母此刻在干什么呢？他们是否收到了上一封信？看到自己登报的消息他们一定会为自己高兴吧。六七月的家里一定也像往日般湿热吧，母亲的腰痛有没有缓解些呢？父亲的腿在又湿又潮的夜晚还会疼吗？妹妹也快要考试了，她是否也会像曾经的自己一样为了家里安心而放弃心中理想的学校呢？"黄丹想着，念着。虽然陇那村在深山里，那里贫穷，但却有另一番风景，有着淳朴的村民和勤劳的父母。"总有一天，我会帮助家乡摘掉这顶贫穷的帽子。"黄丹暗暗发誓，虽然自己如今能力还不够，但终有一天会为了家乡、为了那些曾帮助他看到广阔世界的乡亲做出自己的贡献！

⊙ 1999年，黄丹在指挥连时期留影

长江抗洪

1998年的夏天异常闷热，连着下了许久的雨，天空总是阴得黑漆漆的。没过多久，进入了汛期，长江流域暴雨连连，倾盆如注的大雨导致了一场洪水，这是继1954年以后的又一场全流域的特大洪水。洪水来势汹汹，长江流域的各个地区猝不及防，八次洪峰接踵而至，长江沿线的堤坝频频告急。面对这场百年不遇的特大洪水，党中央、国务院和中央军委以人民的生命至上，当机立断，火速调集人民解放军奔赴长江流域进行抗洪救灾。

黄丹作为人民子弟兵，自然第一时间跟随所在部队前往抗洪前线。那是一段惊心动魄的记忆，也是黄丹人生中最难忘的一段经历。在1998年抗洪救灾时，黄丹所在的部队作为支援长江沿线抗洪的第二梯队在柳州驻地待命。当时，8月上旬的第四次洪峰已经朝着长江沿岸的城市席卷而来，势头十分吓人。虽然在当地居民和战士们的努力下，汛情得到了一定程度的控制，但附近的村落和城市还是遭受了很大程度的破坏，房屋被冲塌，树木被折断，原本美好的一切因为一场洪水而陷入水深火热之中。第四次洪峰过后，看着仍无休止的降水，前线指挥部预判后续仍将会有多次的洪峰冲击，也许，后续的洪峰会比前几次还要严重。

黄丹和战友们看着电视机里播报的洪灾画面，大家的眼泪止不住地在眼眶里打转。看着电视画面里紧紧抱住树身等待救援的小女孩，黄丹的心中一颤，似有千斤重担压在心里。在这一天快要结束的时候，他看着上一封家书，妹妹写信说家里也是连日阴雨，父母的身体也还是老样子。老样子，黄丹心想，那便是报喜不报忧了，他把家书展平，用手摩挲着被枕头压皱的一角。正在这时，紧急集合的哨声突然吹响，黄丹和战友们迅速集合。

路灯下，一排排战士严阵以待。黄丹站在队伍里听着号令，心中已无暇顾及自己的小家。由于抗洪救灾的前线情况十分危急，前线指挥部决定调动黄丹所在的部队前去增援。在接到命令后，战士们听从指挥，迅速出动。

当时，黄丹和一众战友乘坐着火车闷罐车厢赶往前线。在那个年代，因为运力有限，闷罐车也在紧急情况下成了运兵车。闷罐车里，黄丹和战友们一个挨着一个坐在车厢中，车辆的顶部有一个小窗口，每当经过一站，路灯的光线就会从小窗口照射进车厢里。黄丹看着身旁有些许紧张的新兵战士，心中原本的不安一扫而尽，他拍拍新兵战士的肩膀，眼神坚定起来。闷罐车从柳州出发，直奔长江边上湖南一侧的抗洪救灾前线。火车刚一到站，闷罐车厢的门便被立刻打开，一瞬间黄丹看到了远处被狂风和洪水肆虐的田野，他还来不及看清远处的受灾场景，便同战友们听从指令，快速转乘，登上运输车前往临湘的长江岸边。

岸边的场景令黄丹感到震惊，他来之前虽然已经做好心理准备，但看到眼前的满地狼藉后还是忍不住地难受起来。可是，无

情的洪水不会给他和战友们太多消化悲伤的时间，洪水以迅猛的
速度继续朝着长江两岸的村落和田野侵袭。从柳州到临湘的岸
边，黄丹和战友们一路奔波。一到现场，他们甚至来不及吃一口
东西，就得立刻行动起来，被冲垮的河堤需要重新加固，战士们
扛起一旁的沙包就往河堤边上跑，他们需要来回搬运沙包，将沙
包堵在被洪水冲垮的河堤上，一干就是一天。在连绵不断的阴雨
中，黄丹和战友们已经分不清自己湿透的衣服上是汗水还是雨
水，搬运沙包加固河堤时粘在身上的泥巴被雨水冲刷后又粘上，
肩上的沙包被放下又被扛起……

　　当年和黄丹一起参加抗洪救灾的战士们谁都不记得当时搬过
多少沙包。扛沙包、堵管涌、固河堤，这样的动作在抗洪现场连
续很多天都在重复，黄丹和战友们没有固定的驻地，他们每加固
一处河堤，便会原地调整休息，等待上级命令，随时听前线指挥
部的调动而奔赴抗洪一线。当又一次洪峰到来时，黄丹和战友们
来不及想别的，只是竭尽全力扛起沙包像先辈们堵枪眼一样英勇
地冲到最前线。不论白天还是黑夜，哪里出现了险情，黄丹和战
友们就扛起沙袋冲到哪里去。大多时候，黄丹和战友们都是在抢
险中连续奋战十几个小时后才能有片刻的轮休时间。在抗洪前
线，没有床，也没有蚊帐，他们搬完沙袋后就在驻地附近的空地
上休息，以求尽快地补充体力，能够继续投入抗洪救灾的工作中
去。在经历了几天几夜的奋战后，黄丹和所有奔赴前线抗洪救灾

的战士们都已经十分疲惫了，尽管如此，他们当中没有一个人退缩。这是军人的战斗意志，这是人民子弟兵的拳拳之心。

最闪亮的荣誉

8月下旬，接连几天的暴雨形成最凶猛的第六次洪峰。长江干流的防汛形势随之急剧恶化，大家最不希望看到的还是发生了：长江沿线地区的水位达到了历年来的最高纪录，这个水位已经突破了当时中共中央政治局会议决定的分洪警戒线。在万分危急的时刻，前线指挥部决定，全体官兵齐上阵，对大堤严防死守。在沿线的堤坝，划分了几个地段，每个地段都有对应的官兵把守，坚决不允许出现问题。因此，每个人都紧绷着一根弦，气氛变得空前紧张。

接到抗洪抢险前线指挥部的命令后，黄丹所在的部队就开始展开部署。按照要求，每个堤段分兵力进行驻守，整个战线就会被拉长，如此一来负责指挥的干部人数就会短缺。这时，黄丹主动请缨，向连首长请命，希望带着一个班的战士负责其中的一段堤坝。连首长想起黄丹在平时表现沉稳，头脑清醒，便同意了黄丹的请求。

接到任务后，黄丹立即带领一个班的战士赶到驻守的堤段，他第一时间对堤段的稳固情况进行了查验。当走到沙包垒成的一段堤坝前，黄丹停下了脚步。这些沙包比其他堤段的沙包厚实，表面上一副安全系数很高的样子，实则处于一个危险的境地——这个堤段的斜对面是长江河道对岸的一个小拐角，比其他堤段出现决堤的可能性要高出很多倍。黄丹凭借着自己的直觉和经验，迅速作出了判断，并当机立断向前来巡视的参谋长汇报了自己的想法。洪峰一旦来临，对岸受到强烈的冲击时，他驻守的这个堤段就很有可能会因为受到洪峰回旋的巨大冲击而导致堤段决堤，那么下游的村子和农田便会被淹没。

在如此危急的情况下，为了人民的生命和财产安全不得不提高警惕，重新加固堤段。于是参谋长当即命令随行的参谋立即联系负责该堤段的当地干部，让他们第一时间调集物资进行加固。在军民一心的配合下，物资迅速到位，黄丹带领战友们即刻利用麻绳编织成大网，对堤段上堆积的沙包进行加固，并且在原先的基础上又填装了百十来袋沙包备用。在全力奋战了两个多小时后，黄丹和战友们终于完成了加固工作。

果然不出黄丹所料，当晚持续不止的暴雨导致洪水开始猛烈冲击堤坝，湍急的洪水两次漫过了沙包，在其汹涌的回旋下，甚至出现快要溃堤的危急情况。尤其是在黄丹他们加固的堤段，有部分沙包已经被冲垮，幸好黄丹和战友们用麻绳编网进行了加固，否则后果不堪设想。除此之外，当沙包面临冲击的时候，黄丹和战友们及时灵活应对，对其进行突击加固，这一堤段的险情在第一时间得到了排除，保证了大堤的安全，保护了下游的村庄和农田。就这样，面对长江流域最大的一次洪峰，黄丹带领战友们成功打赢了一场出色的洪水阻击战。

在抗击第六次洪峰的战斗中，黄丹在一众战士中表现出了非同一般的决心和胆识。在遇到险境的时候，他能够镇定自若，坚决执行命令。在带着"战备突击队"在堤段上抢险救援时，他在十分危险的状况下当机立断、指挥得当的表现恰好被现场前来增援的一位首长看到。在片刻的休整时间，这位首长主动走到黄丹的面前，询问了一些关于现场救灾组织的情况。黄丹沉着应答。首长离开之际，转身对身后的参谋说道："把这位战士的名字记上！"

洪峰安全过境，次日，黄丹所在的部队也马上进行换防休整，以做好应对下一次洪峰的准备。一天早上，通信员风风火火地跑来告诉黄丹，让他立即整理军容，跟随教导员前往西线的抗洪抢险指挥部报到。黄丹一头雾水，来不及多问，只是大概了解到自己要去参加一项重要活动。黄丹心想："难道是新的洪峰要来了吗？"他一路上紧皱着眉头，看着洪水过后的遍地狼藉。

西线指挥部就设在长江边的一座观测站里，放眼望去，滔滔江水奔腾而过。下车后，黄丹跟着教导员往里走去，只见观测站边的大堤上立着两块大门板，门板上钉着一面鲜红的党旗，黄丹心中不禁惊喜万分。黄丹猜想，自己很可能已经通过了党组织的考察。

集合的哨声响起，黄丹跟着教导员与同来的战士们迅速列队。主持仪式的组织科长在进行了简短的开场后，开始宣读本次考察合格符合入党条件的人员名单。入伍后，黄丹主动递交了入党申请书，并凭借较高的军事素养和优异的日常表现成功入围考察合格的名单，更是以突出的表现经受住了本次抗洪的考验和历练，具备了一名党员应有的素质和不畏牺牲的精神。

黄丹在江水奔腾的岸边静静站立。表现突出的各位战士在听到名字后一一报到。终于，"黄丹！"在江水的汹涌声中向远处回响。听到自己的名字后，黄丹同本次一同入党的战友们一起举起右手，面对党旗庄严宣誓："我志愿加入中国共产党……"黄丹的声音分外嘹亮，在一句句誓词中，一声声回响里，黄丹的眼眶充盈着激动的泪水。这是无上的光荣，这是无比的神圣。

宣誓仪式并没有持续很久，长江流域随时都可能暴发新的洪峰，各个驻地的干部战士在仪式结束后立即返回各自驻守的堤坝。黄丹在归队的路上难掩心中的喜悦，车窗外的大堤上挂着一幅幅醒目的横幅："严防死守，人在堤在！"黄丹把这几个字刻在了心里，他知道，作为一名新党员，这就是自己接到的第一道命令。

作为军人，作为党员，黄丹在此后的抗洪行动中比之前更加用心，在执行护堤行动中，他带领战友出色地完成了任务。对于黄丹来说，面对党旗宣誓的那一刻是他人生中最闪耀的时刻。每每回忆起入党宣誓，黄丹的心中都感到热血沸腾，在自己被批准入党的那一刻，他的身上仿佛被注入了一股神秘而又强大的力量。自那时起，他感到自己无惧任何困难，因为不论多么艰难，中国共产党党员的身份都会给予他前进的勇气。中国共产党党员，是黄丹最闪亮的荣誉。

退伍不褪色

黄丹的童年是陇那村石漠化了的土地的颜色，但他的青春，是军绿色。在参军的几年中，黄丹把自己最好的一面献给了军营。分别的那一天总是会在不知不觉中到来，五年的时光一晃而过，黄丹也到了该和军营说再见的时候。

2001年年底，黄丹从部队退伍返乡。退伍仪式那天，黄丹看着自己的肩章和帽徽被战友一个一个摘下来，仿佛自己的心都被割去了一部分。送别退伍老兵的车辆慢慢驶出军队营区，黄丹一言不发，只是直直地看着营区的岗哨在视线中逐渐模糊、淡去。当营区在视线中彻底消失的那一刻，黄丹再也无法控制夺眶而出的泪水，他把头深埋下去，不露声色地哭着。这是黄丹对军绿色的深情，是他对五年青春的最后告白。

在退伍后的人生旅途中，黄丹时刻保持着自己的军人底色，谨记自己的初心。他在各项工作中都积极进取，并获得了首届"广东最美退役军人"的荣誉称号。此外，他还积极投身志愿服务，在东莞市退役军人军号志愿服务总队担任总队长，带领退役军人志愿者开展各项志愿服务活动。

黄丹的儿子在父亲的熏陶下也积极进取，他在《我心中的英雄——我的爸爸》一文中写道："我的爸爸经常和我说，当兵是他一辈子的骄傲，一声'立正'，也代表一生'立正'，即使离开部队了，他的军人本色也从来没有'稍息'。从他的身上，我学到'忠于祖国、忠于人民、头脑冷静、意志坚强、作风果敢、行动敏锐'的军人本色。"

退伍后的黄丹也十分感恩军队带给他的成长。2023年3月，黄丹和入伍时新兵连的班长相聚，这是老班长于1997年底退伍后黄丹第一次与老班长重聚。黄丹激动不已，感慨万千。虽然当年只有短短几个月的相处，但老班长在言传身教中教给了黄丹许多，令他一生受用。

黄丹常说这样一句话："退伍不褪色，当过兵的人，永远是党的好儿女！"

向远方去

在退伍返乡的途中，离别的悲伤渐渐化作即将重逢的激动。黄丹看着车窗外的风景渐渐变得熟悉起来，他产生了无限遐想。一别五年，陇那村又会变成什么样子呢？

告别了一同退伍的战友，黄丹心中就要和家人团圆的喜悦在返乡的途中无限放大。近乡情更怯，他在每一站停留的时候都忍不住把头探出窗外，张望着不断靠近的故乡。车辆驶向故土，沿途的风景开始和黄丹记忆中的故乡高度吻合起来，他的心中不只有喜悦，还有一种难以言喻的忧伤。从柳州往田东县作登瑶族乡的路上，沿途的建筑逐渐从高楼大厦转为记忆中充满"苦难"色彩的干栏式民房。车子依旧开不进陇那村，蜿蜒曲折的山路仿佛盘伏在山上，朝着山外的一切做着不予通行的手势。黄丹拎着行囊走在回村的山路上，昔日上学时一起结伴而行的场面瞬间在脑海中浮现。环顾四周，黄丹的身边如今只剩下几个背囊，他一边走着，一边不由得哼起了曾经上学时与同学们唱过的曲子。

终于到家了，黄丹长舒了一口气。或许是在部队待得太久的

⊙ 2023年3月，黄丹与新兵连班长于东莞重聚时留念

原因，黄丹这次回陇那村的时候显得异常吃力，在部队里的体能训练强度虽然也很大，但走在曾经熟悉的村路上，他却有种陌生的无力感和疲惫感。走近家门口时，黄丹看见妹妹在树下张望着村口的方向，他高声呼喊着妹妹的名字，这场景似乎在梦中一般。已近黄昏，炊烟罩住整个村庄，朦朦胧胧的。太久没有见到儿子的黄继康夫妇紧紧盯着儿子，妹妹围着哥哥询问他在部队里的经历。阖家团聚，看着围炉的火光照在已经脱了外皮的墙上，黄丹的心中却再次酸楚起来。

五年前，黄丹正是因为不想一辈子都守在大山里过面朝黄土背朝天的日子才出去闯荡。离开陇那村的那天，他看到陇那村一片萧条的样子，心中迫切地想要逃离。然而，五年过去了，外面的世界正在经历翻天覆地的变化，陇那村依旧是横七竖八的民房，许多房屋因为年久失修，屋顶的瓦片残破、掉落，家家户户的院墙也都多少有些垮塌。这萧条的景象是多么的刺眼，陇那村的偏僻、贫穷、落后，就像一根钉子扎进黄丹的内心，让他无法静下心来。黄丹躺在床上，听着外间的父母窸窸窣窣翻身的声音，眼前又浮现出了他们鬓角的白发。他翻来覆去，心中始终无法平静。当初离开陇那村去打工、去求学、去当工人、去参军，他觉得自己始终在努力逃离这个大山深处的小山村。可兜兜转转，他如今再次回到了这里。一直以来，家人都在默默支持他，可如今他们也到了需要自己的时候了。黄丹曾经想通过去外面闯荡，找出一条路来撕掉陇那村贴在他身上的"贫困标签"，但几次三番下来，他又回到了这里。他想，那干脆就留下来吧！既然逃不掉，那就留下来改变这里。黄丹暗暗发誓，他要用自己的一双手，让这个生他养他的地方一点一点摘掉落后的帽子，让村里的孩子有学上，不用因为交不上学费而放弃读书，过早地走进工地；帮助村子里的乡亲们找到发家致富的方法，免去背井离乡讨生活的艰辛。

翌日，黄丹早早起床。父亲黄继康看见儿子坐在门口，便知道他的心思了，还未等黄丹开口，黄继康便先问他今后有什么打算。黄丹说出了自己想要留在村里做事的想法。看着父亲的满脸疑惑，他又连忙补充说，自己已经有了两年做工人的经验，在部队服兵役的五年也得到了一定的历练。他还向父亲讲述了自己在1998年长江抗洪救灾时的表现，自己高中毕业的文化程度相对其他人有竞争力。加上自己已经是党员，凭借这些年在外闯荡的见识和阅历，在村子里做事情具有很大的优势，自己有信心也有能力为村里的发展做出贡献。

黄继康听着黄丹的陈述，并没有像黄丹预想的那样欣然同意，而是提出了反对意见，并且态度十分坚决。黄继康当时是陇那村的书记，在他担任村党支部书记的十多年里，为了村子的发展想了不少的办法，也做了不少的努力。但由于陇那村地处大山深处，地理位置不佳，山路崎岖，交通不便，当时的土地石漠化又十分严重，土地的肥力低下，耕作条件很差。加上当时城市发展的速度比较快，村里的许多年轻人都选择了外出务工，导致村子老龄化十分严重，光靠村里的老人、妇孺难以发展，所以黄继康认为黄丹留下来也是白费心思。

黄丹从小就勤奋好学，一路求学务工从军实属不易。黄继康对于儿子寄予厚望，在工厂和部队的经历也证明黄丹确实能够在实践中做出成绩，今后会有更广阔的成长空间。黄继康不希望儿子年纪轻轻就窝在小山村里，一辈子守着这片投入和产出不成正比的山地，他想让黄丹重新考虑一番后再慎重决定。

父亲对自己留在村里做事的想法提出反对意见，黄丹有些不解。当时的他想得也比较单纯，一心想留下来为家人、为家乡做些力所能及的事情。黄继康看着黄丹垂头丧气的样子，和他促膝长谈一番。黄继康对儿子细细说了村里的状况，又告诉黄丹不要停止前进的脚步，不能只考虑当下，大山的外面发展空间广阔，应该去外面尝试一下。自己已经在大山里待了一辈子，他不希望黄丹就此止步，反而对儿子充满信心。

黄丹没有再反驳父亲，他知道父亲对自己寄予厚望，但他依旧难以释怀，他希望通过自己的努力来改变这个生他养他的地方。和父亲谈完话的那几天，黄丹常常在村里坐着思考自己该何去何从，或许人人都有走累了停下来展望前路的时候，黄丹也是如此。他看着昔日上过的小学依旧破落不堪，来往的村民、以前的同学已经失去了曾经的朝气，他开始回味父亲的教诲。几经思索，黄丹终于明白了父亲的良苦用心，如今自己的能力尚不足以改变村里的现状，只有继续锻炼自己，才会有足够的力量去担起自己的责任，才能反哺家乡。

黄丹改变了自己的想法后，和家人进行了沟通。2002年的春节刚刚过完，黄丹便下定决心再次踏上新的征程：走出大山干一番事业，实现自己的人生价值。

父亲的启发让黄丹有了新的目标，可母亲却陷入了沉默。儿子黄丹已经五年没有回家了，才回来不久又要启程，母亲实在心疼不已，但她并没有阻拦，只是继续如往日一般为儿子准备行囊。陆美季先是把儿子的背包装得满满当当，看到鼓鼓的大背包，她又坐在一旁发起了呆。这一别，黄丹又要远离陇那村，远离田东县，远离百色市。此去路途遥远，前路又不知在何处。作为一个母亲，她忍不住想到儿子只身在外的艰难。她在整理衣服的时候，看到了箱底已经褪色的蓝布衫，这是黄丹小时候上学时穿过的，一向爱干净的她会将孩子们穿过的衣服洗干净后叠放好。陆美季把这件小蓝布衫从箱底拿出来，慢慢摩挲着，她才意识到，黄丹已经不是那个蓝布衫上满身粉笔灰的小孩儿了。孩子长大了，脚就会长到外面去。陆美季明白，前路漫漫，她不应该让自己的爱成为孩子的负担。

黄丹启程的那天，山外已然一副春日迟迟的景象。可是，在奔赴曼妙春光的风景前，他需要先走出被群山环绕的山村。他背着简单的行囊，同父母和妹妹告别。他看得出来母亲眼中藏不住的失落，因此不敢回头。在父亲期待的神情中，他迈着比当年入伍时更为坚定、决绝的步伐朝着山外走去。或许是因为这是一个充满希望的季节，黄丹走山路的步子轻松了很多，走到一半，他转身看着陇那村的方向，这个石漠化严重的小山村周遭漫山都裸露着黑色的石头，稀稀疏疏的几棵老树坚挺在悬崖边，能够让路人意识到如今已经是春天了。或许是身处悬崖峭壁，它们才得以在这样的环境中免去被砍伐的宿命。在大片裸露的黑色石块中，黄丹看不到万物复苏、欣欣向荣的气象，繁茂的枝叶是一种奢侈，满山青翠更是一种幻想。那几棵老树歪着脑袋，试图把枝叶伸展到平坡上，努力抽出几根新枝，以此给为自己提供养分的土地增添几抹春色……

黄丹步行从陇那村到作登瑶族乡政府所在地，这段12公里的山路他比平时用时更短。他在离开的路上颇有一种"壮士一去兮不复还"的决绝，或许这份决心和坚定并不仅仅是为了自己，更多的还是因为他想要改变这个养育他的地方。这一次，黄丹不是为了"逃离"，不是因为自己不想再过苦日子而转身离去。在他的肩上，在他的心中，多了一份更为重大的责任！

出了田东县，黄丹一路北上，先是去了西安，再从西安去了大连。连续奔波了两个月，他尝试了许多方法，仍然没有找到一份好工作。在这期间，他的内心承受了很大的压力。父亲的寄望，母亲的担心，以及自己心中的那份责任，都还没有办法实现。在那些辗转难眠的夜里，他不断地给自己加油打气，调整自己的心态。当前的一时停留不要紧，只要朝着自己的目标不懈前进，终会实现心中所想。黄丹搜集着各方的招聘信息，也时时关注着当年参军时战友们的动态。功夫不负有心人，黄丹收到了当时正在东莞工作的战友兼老乡陆伟尚的消息，经陆伟尚的介绍，当时的东莞市国家税务总局望牛墩税务分局正需要一个门卫，一个月的工资大概在一千出头。收到战友的消息后，黄丹经过深思熟虑，选择前去东莞闯荡。

扎根热土

相比于西安和大连，东莞当时的发展速度十分可观。放到今天来看，黄丹当初的选择可谓十分明智。门卫工作虽然并不是非常让人羡慕，但这座城市却是一片可以"让所有梦想都能开出花"的热土。

难以想象，满怀希望的黄丹从西安、大连辗转到东莞时，他的内心会有怎样的变化。一个踌躇满志的青年，两个月内接连奔波在不同城市。在找工作的过程中，他碰壁再出发，出发又碰壁。或许有人会觉得，黄丹自甘沉沦而选择了南下东莞做门卫的工作；或许也有人会觉得，以黄丹当时的文化程度和参军的经历，他是在走投无路时迫不得已接受这份工作。种种可能，如今看来依然难以定论。但不可否认的是，这份工作对黄丹来说是一个转折点，在这个工作岗位上，他通过自己的努力彻底改写了命运。

黄丹一到东莞，瞬间感受到了"热"。热，气候热，他的心也热！坐在车上看着东莞街上的车水马龙，黄丹心中再次燃起了希望。看着这里的一切，他充满了好奇。"如果能在这里工作、生活，该是一种怎样的体验啊？"黄丹心想着，感觉自己瞬间充满了力量，浑身都是劲儿。

黄丹背着行囊赶往望牛墩税务分局，他整理了一下自己的着装，走进了税务分局的大门。当时的分局局长名叫梁允来，是一名军队转业的干部。在那个年代，求职的简历并非像如今一样是打印的或者是在线投递的，而是手写的。黄丹把自己亲手写的简历交给梁局长，梁局长看着简历上刚劲有力的字迹，工工整整，又抬头细细看了一眼黄丹，发现黄丹双目炯炯有神，身形挺拔，让人看着心里亮堂。

梁局长看完简历，得知黄丹曾经在部队当过文书和新闻报道员，便觉得黄丹是个人才，可以留下来培养一下。梁局长是个惜才爱才的人，他不忍心让黄丹就此埋没在一个门卫的岗位上，于是，他想给黄丹一个机会借此来看看他的实力。梁局长给了黄丹三个月试用期来尝试做办公室文员。黄丹惊喜不已，顿时觉得自己遇到了伯乐。

机会难得，黄丹不忍就此错过，更不愿辜负梁局长对自己的期望与赏识。在三个月的时间里，黄丹除了吃饭和睡觉，其余的时间都用来学习电脑操作和税收征管的知识。对黄丹来说，税收知识是一个全新的领域，他常常学习到半夜。在那段时间里，黄丹购买了许多光盘，找来一些税收专业的书籍，挑灯夜战，反复练习操作，在两个月的时间中，他翻阅学习了100多万字的专业书籍，做了十多本笔记。并且，电脑操作零基础的他还学会了如何重新组装电脑。起初，黄丹担心自己不能顺利装好电脑，因此他不惜高价购买了彩色柯达胶卷回来拍下了完整的电脑拆卸照片，好对照着重新安装。看得出来，黄丹十分用心。当时的他竭尽全力抓住这个来之不易的机会，期望以此来改变命运。他并不觉得辛苦，相比于曾经在水泥厂的工作和抗洪救灾时的劳累，这些对他来说是完全承受得住的。况且，能够有机会重新接触书本、吸收知识，这对于他而言是一件无比幸福的事情。在学习税务知识的过程中，黄丹感到前所未有的充实。能够坐在书桌前，心无旁骛地翻阅着书本，汲取知识来改变命运，黄丹感到十分满足。他知道，自己在进步，在一步一步走向父母所期望的那个未来。

来到望牛墩税务分局两个月后，黄丹通过自己的努力，从税收零基础到熟练掌握税收知识。不久，黄丹起草了一份单位工作总结的材料，当时的领导看到这份总结材料后十分赞赏。领导认为这不像是一个新人能够写出来的，这份材料语言组织准确，行文简洁，对于单位的工作总结得全面到位，提出的观点和掌握的材料也都做到了有机衔接。对于当时的望牛墩税务分局来说，办税业务能力突出的税务工作人员不少，找一个文员也找得出来，但找一个既熟悉税收知识、了解税务政策，又能将税务工作总结写得如此简明扼要的人确实不易。就算是当时经验丰富的税务工作人员也难以写出这样的总结，它可以说是一篇成熟且具有特色的总结。这篇总结材料被领导评为优秀材料，并且，领导对黄丹的表现表示了高度的认可。从刚来到望牛墩税务分局的税收领域的门外汉到熟练掌握税收知识、写出优秀总结，黄丹在短时间内的成长与进步让望牛墩税务分局的领导和同事们刮目相看。经过分局领导研究讨论，由于黄丹在试用期的各方面表现优异，在未满三个月的时候，他便通过了试用期考核，顺利转任办公室文员。

短短四个月，黄丹从各个城市间奔波不定到南下东莞应聘门卫，又实现了从门卫到税务分局办公室文员的跳跃，这并不是靠从天而降的运气。黄丹的身上，真正体现了"越努力的人才会越幸运"。回忆转正前的那段奋斗时光，黄丹自认为这一切主要得益于当初在军队的经历，"军营的锤炼让我成长，社会的磨砺使我进步。当初在军队的经历，很大程度上培养了我的学习能力和专注度"。

在军队的历练让黄丹受益终身。尤其是在税务工作中，在应对学习和工作时，他的超强记忆力成为令许多同事羡慕不已的优势。退伍以后，黄丹依旧以严格的标准要求自己，时刻保持头脑清醒，严谨守正。正因为他的自律、进取和坚持不懈，所以当机会到来的时候，他不仅成功地抓住机会，还凭借自己的能力得到了领导和同事们的认可。正如那句话所说，"没有一步路是白走的"。黄丹为探寻自己的人生轨迹走了很多路，不论是曲折的，还是幸运的，一步都没有少，一步都不能少。

第四章　纳税服务勇担当

在东莞的街头，黄丹看不到泥坑，他的鞋底也没有再沾上泥巴，但他的心里却从未忘记家乡那条泥泞的山路……

纳税服务之星

初涉纳税服务

2002年成为办公室文员后的黄丹为了不辜负领导的期望，努力学习并不断提高自己的综合素质和业务技能。

黄丹初入税务部门的那几年，由于计算机没有得到广泛应用，税务工作的开展极具挑战性。在信息化、智能化、无纸化这些概念出现、推广、普及之前，税务办理的资料基本上都是纸质材料。纸质材料填写较慢，而税务办理的流程较多，流转起来很不方便，并且，纸质版的办税材料不易保存，整理归档也需要耗费很大的人力。税务工作自身十分专业，税务办理程序相对比较复杂，对于纳税人和税务工作者来说，办理一项业务需要提交的证明资料较多，可以说税务办理在时间和精力上都是十分考验人的耐心和能力的，所以，在当时的环境和条件下，对于在税务大厅办理业务的一线税务工作者的业务能力要求就比较高。在税务办理过程中，若是稍有遗漏，便会耗费大量的时间和精力；若是工作人员没有一次性告知清楚，纳税人又是个急性子，很有可能会引发抱怨，甚至出现争执或投诉等不愉快的现象。

黄丹在工作中也曾遇到过一些突发事件。在一次办理业务时，有个纳税人急匆匆走到黄丹所在的办税窗口前，直接把资料往他面前一丢，气鼓鼓地说了一句："你们看怎么办吧！"当时的画面至今都让黄丹记忆犹新。看到这一幕，黄丹一开始还有点儿蒙，但他仍然十分冷静地面对纳税人突如其来的怒火。他打开纳税人的办税资料仔细查看，了解完事情的来龙去脉后，才知道原来是因为纳税人不了解税务政策而没有带齐需要的资料，导致无法立即办理。黄丹第一时间安抚了纳税人的情绪，随后便为纳税人分析了当前的情况，详细告知他在办理这项业务时需要带齐的资料并帮他列了清单，还给他预约了当天下午的号。最后，这名纳税人的问题得到了及时、妥善的解决，他也明白了黄丹的好意，当即对黄丹再三表示感谢。后来黄丹回忆起这件事后说，只要站在对方的角度，去想他为什么会这样做，就会在换位思考中化解矛盾。

在工作中善于思考，善于科学地统筹安排，是十分重要的能力。黄丹在税务办理中就能够做到这点，他在接到工作安排后不会蛮干，而是会进行一个初步的判断：把自己手头的工作分出轻重缓急，然后再决定先做什么后做什么。但统筹这一切的能力并非与生俱来，而是取决于自己平时在生活和工作中的细心观察，做足准备工作。黄丹认为自己并不是一个天才，他始终相信能力是练出来的。他认为自己能够练就这些本领主要是由于当初在部队时的经历：作为一名侦察兵，必须做到细心观察，准确判断，迅速反应，不打无准备之仗，对待一切事情都要做到认真负责。

"躺平"与"蹚平"

如今的我们常常用"躺平"一词来形容不努力、不奋斗，甚至"摆烂"去逃避现实，可遇到的问题依旧会像一只拦路虎一样挡在前方。对生活和工作感到疲惫时可以放慢脚步，但不能停下脚步或者转身离开，每个人奔赴的终点虽然各不相同，但在奔向终点的过程中都需要坚持一个方向。"躺平"一会儿可以适当调整自己前进的节奏和步伐，但不能永远"躺"下去，"躺"久了，便会生出怠懒之心，就不想再往前走了。

黄丹在应对工作和生活难题的时候也曾有过片刻的停歇，但当他蓄力完毕就会继续奋力"蹚平"困难。在望牛墩税务分局工作几年后，黄丹凭借自己的"蹚平"精神和不服输精神很快就掌握了一套属于自己的工作方法，成为望牛墩税务分局办税服务厅里的办税能手。

在早期的税务办理流程中，许多纳税人因不了解税务流程容易填错税务申报的信息，有些纳税人因为搞不清楚税务申报的项目而错报，这些问题最终都会影响纳税人的办税效率，有时还可能会导致纳税人和税务工作者产生矛盾。经过观察，黄丹发现问题的核心在于税务工作者和纳税人的沟通上。税务办理程序复杂、项目众多，对于不了解税务知识的普通老百姓来说自然是一头雾水。黄丹作为一名税务工作者，自然熟知税务大厅的税务办理业务，他能够通过对纳税人的询问明白纳税人可能会办理哪些项目，再耐心与纳税人沟通，以通俗易懂的方式告知纳税人需要提供哪些材料。黄丹这样处理不仅提高了自己的办税效率，还帮助纳税人节省了不少时间和精力，可以说是皆大欢喜。

在那段时间里，黄丹通过总结纳税人税务申报的常用信息，能够快速、准确地为纳税人办理业务，效率很高，他一个月开具的发票数量有时能比其他同事多出一倍。这样高效、便捷的服务也赢得纳税人的一致好评。

有问题找丹哥

2009年10月，黄丹自告奋勇请求来到办税服务厅面对面地为纳税人服务。他希望自己这些年学到的理论知识和掌握的经验，能在更大程度上发挥作用。事实证明，黄丹通过自己的努力，确实帮助到了更多的纳税人。只要熬过了最艰难的时期，后面的路就会因为自己的坚持而变得平顺。

黄丹办理业务的窗口是办税服务厅正对着门口的5号窗口，他一来到办税服务厅，便积极向同事们取经。没过多久，他就摸清了业务。在业务办理时，他会留心纳税人的办税业务，对办理人数较多的项目，他会用心记录相关的流程和制度，为办理相同业务的纳税人节省时间，方便大众的同时也提高了办税大厅的服务效率。

经过一段时间的历练，黄丹的办税业务越来越熟练。有许多纳税人都记住了这个5号窗口的办税能手，他们还告诉其他的纳税人："5号窗口没有解决不了的难题。"在望牛墩税务分局的办税服务厅常常能够听到这样一句话："有问题找丹哥，一定可以解决。"

当时，隔壁镇有很多纳税人在遇到解决不了的问题时也会前来望牛墩税务分局找黄丹，这些慕名而来办税的纳税人有时会在办税服务厅里排起长队。他们十分相信黄丹的业务能力，所以宁愿多花一些时间去排队，也要找黄丹为他们解决办税难题。有的人并不知道黄丹长什么样子，但一进望牛墩税务分局办税服务厅就要求排5号窗口的号，在轮到自己办税的时候，他们先是探头看一下传说中的办税能手长什么样，然后才说自己是来办理什么业务的。

在办税服务厅的一众纳税人里，令黄丹印象最深刻的是一位经常来开具个人发票的纳税人。黄丹记忆力很好，对经常来办理业务的纳税人，他总是印象深刻。经过一段时间的细心观察，黄丹发现这位纳税人很有可能是在外面打散工的。因为他在开具个

⊙ 黄丹（中）耐心为纳税人讲解税务办理流程

人发票时往往都是开具一些搬运、清洁修理之类的项目。黄丹看到这位纳税人的情况比较特殊，每次来税务大厅总是一张一张按部就班地填单子，这实在是太麻烦了，而且这位纳税人在开具多张发票时还可能会出错，如此一来更浪费时间。他耗费在填单子上的时间有时甚至都能接点儿零活儿了。为了更好地帮助这个纳税人，黄丹想到了一个办法：自己可以提前在征管系统里帮助纳税人调出他以往开票的历史数据，等到纳税人前来办理业务时只需要和他本人确认好本次开具发票的项目和含税价。最后，由黄丹直接帮助他录入系统，再把申请单打印出来，让纳税人直接在纸质版申请单上核对，确认无误后再签名即可开具发票。如此一来，就免去了纳税人自己填写申请单时因为不了解税务流程导致填写不规范、耗费时间等问题。知道黄丹帮助自己节省了好多时间，这位纳税人都不知说什么好，他只是忙不迭地说着谢谢、谢谢。

在窗口工作时，因为黄丹的服务态度好，业务又熟练，所以，他负责的窗口常常排起长龙。哪怕在他调去导税台工作后，也有不少办税人指名道姓要找"丹哥"协助办理业务。黄丹深受欢迎的背后，是他日复一日的坚持和努力。

自进入望牛墩税务分局的那天起，黄丹就开始以异于往常的高标准来严格要求自己，除了尽快适应岗位，还主动加强税务理论学习。多年来，无论是理论还是具体的实践，黄丹都在不断地

⊙ 黄丹在办税服务大厅工作

磨炼自己。黄丹也是一个普通的人，他和许多在生活中摸爬滚打的人一样，在工作中也遇到过许多困难和挫折，甚至一度深受打击，比如有个别的纳税人不配合工作，甚至还故意刁难他。黄丹能够有今天的成就和业绩，很大程度上是因为他能够直面这些困难和打击，以一股不服输的精气神迎难而上。黄丹并不会一遇到困难就选择放弃，也不会试图通过逃避来求得一丝安稳，敢于应战的他在挫折和困难中越挫越勇，并且获得了飞跃式的成长。

在岗一分钟，干好六十秒

"在岗一分钟，干好六十秒！"这是黄丹在望牛墩税务分局办税服务厅工作时一直秉承的工作理念。黄丹在工作岗位上以"专业、精准、迅捷"作为自己的工作目标，他时时激励自己，不忘初心，做好一个共产党员应该做的事情。可以看到的是，在办税服务厅里的黄丹总是保持着饱满的工作热情，他的服务态度和办税服务能力一直保持在一个比较高的水准。换言之，他能够做到在不超越职权范围的情况下，积极主动地承担很多力所能及的工作，在许多人看来，黄丹似乎已经把解决一个个税务难题和痛点当作了打怪升级，并且乐在其中。

2013年，黄丹凭借自己平易近人、耐心细致的服务态度、准确高效的办税效率，凭着"重大事项零差错、纳税服务零投诉、满意度百分百"的出色表现，被评选为"东莞市劳动模范"，但他没有就此止步，继续深耕于办税服务大厅的办税窗口，继续为人民服务。2014年，黄丹又获得了"广东省五一劳动奖章"。2015年，黄丹获评为广东省税务系统的"纳税服务之星"。荣誉接踵而至，黄丹欣喜不已。他深感自己的付出是值得的，除了那些挂在墙上的荣誉证书和评定的荣誉称号外，他更享受自己在岗位上通过努力换来的群众的笑脸。那些慕名而来办税的纳税人带着自己的难题前来排队，在自己的悉心服务下成功解决问题，最后带着满意的笑容离开。这是黄丹为之奋斗的，也是他为之享受的。

面对各项荣誉称号，黄丹以更加认真的态度对待税务工作。在粤港澳大湾区的吸引下，全国各地的人才前来东莞发展，因此在望牛墩办税大厅里，前来办理税务的纳税人除了本地的，还有许多操着外地口音的。为了更好地服务大湾区经济的发展，黄丹不仅抓紧学习新的税务知识、提高业务能力，还主动学习各地方言，像客家话、广东话等，方便与纳税人交流，此外，黄丹的普通话也说得更加字正腔圆，有效解决了语言交流不畅导致的办税难的问题。

在税务工作中，办税服务厅是税务办理的主阵地。黄丹主动承担办税服务厅导税员的职责，他以精准、专业、高效的服务充分发挥导税作用，为纳税人提供了便捷的服务，大大提高了办税服务大厅的办事效率。

"金税三期"新挑战

在金税三期、全面营改增等重大税务改革的推进过程中，黄丹主动请缨，到一线工作。对于黄丹和税务局的同事们来说，金税三期的上线和应用是意义非凡的。金税三期的推进和应用，是国家税务发展的一个新的阶段，它能够让税务办理更加公正、规范、透明，但同时，对于黄丹和税务系统的同事们而言，如何快速了解和推进金税三期的工作是一个巨大的挑战。

金税三期是国家电子政务"十二金"工程之一，2013年，广东省作为试点省份，在全国率先探索、推进。金税三期构建了全国统一的外部信息管理系统和交换通道，形成以涉税信息采集、整理和应用为主线的管理体系。作为国家级信息工程，金税三期信息系统融合了税收征管变革和技术创新，统一搭建了纳税服务平台，实现了全国税收数据的大集中。

作为参与金税三期推进的一线工作者黄丹，需要跟同事们一起探索这个全新的系统。在主动参与金税三期工作之前，黄丹便意识到这将是一场硬仗。尽管有了预感，可投入其中后，黄丹才感到这场硬仗不仅要攻坚克难，还是一场"连续战斗"。金税三期的系统机构严密，对于税务工作人员的业务能力要求极高，而且作为国家级信息工程，金税三期系统的操作对于计算机操作能力的要求更高了，税务工作者不仅要尽快消化金税三期相关的税务政策，还要学习、摸索操作系统。在推进过程中，黄丹一边学习新政策，一边接受操作系统的培训。

由于平时注重学习，黄丹的计算机专业知识较为突出，他迅速成了分局里软件测试的骨干。在金税三期上线的关键时期，面对繁重的任务，黄丹激发出了自身的潜力，他主动加班进行研究测试，常常和同事们挑灯夜战，解决了许多困难，最终金税三期系统顺利上线，为纳税人提供了更加优质的办税服务。金税三期的系统在实际操作中需要税务工作者有足够的耐心，黄丹在办理业务时能够做到细心操作，有效沟通，对于纳税人的问题能够妥善解决，用心处理。

纳税服务新阵地

服务创新实践

在工作中，黄丹奋力进取。成为东莞税务系统的先进典型后，他也牢记自己的初心，以个人的魅力积极引导税务系统的同事们投身公益事业。

2014年10月，也就是黄丹荣获"广东省五一劳动奖章"后不久，黄丹在东莞市总工会和国家税务总局东莞市税务局联合指导下，创建了黄丹劳模和工匠人才创新工作室（以下简称黄丹劳模创新工作室）。在看到工作室领衔人黄丹热衷公益的特点后，东莞市总工会和国家税务总局东莞市税务局决定将工作室打造为符合税收发展需求的创新阵地。为了全面提升税务工作人员的综合素质，工作室还承担起税务系统人才培育以及承接社会爱心帮扶的任务，不仅服务于税务系统与纳税人，还主动开展公益服务，彰显税务系统的社会担当。

黄丹劳模创新工作室一成立，便按照"有创新团队、有工作条件、有管理制度、有创新成果、有经费保障"的"五有"标准运行。黄丹坚决落实工作室"求实创新、真诚服务、锐意进取、示范引领"的宗旨，在工作室成立后，他比以往更加投入，积极主动发挥自己的示范作用。在工作之余，黄丹特别重视学习税务理论和业务提升，他和工作室成员主动承担了东莞市税务系统的技术创新、服务创新、管理创新、制度创新等课题研究，为东莞市税收事业高质量发展贡献了自己的智慧和力量。

如何为税务系统的同事们做好综合素质提升服务？如何带领工作室成员更好地为纳税人服务？如何将税务系统与社会帮扶有效衔接起来？这些问题在黄丹的脑海中思考了千百遍。经过一段时间的蓄力，黄丹开始带着团队成员深入调研，创新实践。

⊙ 2018年3月，黄丹在工作室前留影

百花齐放春满园

一个人的能力再强终归也是单打独斗，只有凝心聚力、组建好一个强有力的团队才能发挥更大的价值。为了培育更多优秀的税务青年，黄丹组织工作室成员在东莞市税务局的大力支持下，组建了以黄丹、国家税务总局兼职教师黄伟波等优秀干部为导师的青年干部团队，打造了"青锋研习社"学习品牌。青锋研习社定期举办"学习悦读"分享会、"三师"考霸分享活动、信息化卓越人才培训等活动，吸引了东莞市税务系统内超过700人次的青年干部参与。

在黄丹劳模创新工作室的影响下，东莞市税务系统出现了越来越多的业务骨干和岗位能手，他们在工作室的各项活动中历练成才，已经成为东莞市税务系统各业务链条的中坚力量。

黄丹善于倾听纳税人的心声，在他的言传身教下，工作室成员刁帅敏迅速成长，带领自己的团队打造了倾听纳税人心声的线上平台——局长"码上办"，以此为窗口方便纳税人向基层税务部门提建议。这个线上平台目前已累计为纳税人沟通、解决困难超3600次，有效落实了纳税人的意见和诉求。该平台于2021年斩获广东省市直机关"先锋杯"工作创新大赛二等奖。

黄丹常和工作室的成员们进行研讨，也鼓励税务系统的青年干部们努力提升自身的知识素养和工作技能。黄丹曾说："税务

⊙ 黄丹劳模创新工作室标语墙

工作是一个常学常新的工作，东莞税务系统的青年很多，如果能带动大家一起学习，我们的工作一定能越干越好。"为此，黄丹牵头在工作室内打造了多个青年干部学习平台，主动学习减税降费政策等税务知识，并积极组织工作室成员进行党史学习教育。

作为东莞市总工会劳模宣讲团和望牛墩镇委党校的特聘讲师，黄丹多次受邀担任广东省税务干部学校"税务青年说"精品案例课程、东莞市税务局道德讲堂的讲师，用自己的奋斗历程和事迹来引导和激励青年税务干部。

黄丹劳模创新工作室成立以来，黄丹和他的团队齐心协力，攻克了许多随着时代发展而产生的税务服务的难题。在国税地税征管体制改革中，在机构合并的过程中，工作室发挥了十分重要的作用。在机构改革那段时间，税务系统的同事们面对新环境、新挑战，都感受到了很大的工作压力。在忙碌紧张的工作间隙，黄丹主动组织起了"暖心谈心会"，让大家畅所欲言，纾解工作压力。除了组织谈心会，工作室还组织开展了多场纳税服务融合讨论会和"家"文化活动，让工作室逐步成为单位的"暖心赋能阵地"。

在黄丹劳模创新工作室成立后，黄丹更加清楚自己的责任，他一如既往地认真钻研、勇于担当，在新时代的风潮中带领团队披荆斩棘。

服务企业新方式

粤港澳大湾区的发展如火如荼，吸引了许多外企来粤投资。黄丹敏锐地观察到，许多外企在粤投资发展的困扰之一是不了解税收政策和税收体系。因此，他针对外企对政策服务的需要，带领团队积极开展调研工作，在对各个企业进行了深入了解和调查后，他组织工作室成员召开了针对性的税收宣传座谈会，为来粤投资的外资企业进行了详细的税收政策讲解，宣传最新的税费优惠政策，开展了积极有效的纳税服务。

随着税收征管系统的创新发展，线上税务办理操作成了一个虽然便捷但又令纳税人头疼的问题。线上办理虽然不用来回奔波，但也对纳税人的办税经验有着很高的要求，如果不了解、不熟悉某项办税业务，那线上平台的办理效率便会大打折扣。在注意到这一问题以后，黄丹带领工作室成员一起开展工作，在走访了一众纳税人、缴费人后，他带领工作室成员对办税缴费操作难度较大以及办税步骤较多的业务进行了重点梳理，设计了许多图文并茂的办税攻略，通过微信公众号这一比较便捷的平台发布以简洁的文字和直观的方式帮助纳税人了解办税缴费的操作流程。

黄丹劳模创新工作室在成立后积极响应市委、市政府"鲲鹏计划"的要求，彰显社会担当。在市委、市政府部署实施建设金融强市发展战略时，工作室组织团队深入重点企业进行调研，主动倾听企业的意见和建议。在这一工作中，工作室在企业生产经营、融资、股改、上市过程中的涉税问题上发挥了重要作用。在此期间，工作室累计组织走访的企业超过700家，累计解决的企业涉税问题高达91项。税务难题的解决推动了企业顺利上市，为精准对接后续企业上市积攒了十分宝贵的经验。

作为企业云集的珠三角中心城市，东莞市的各个企业退税业务不仅数量多而且金额较高。据黄丹观察，办理退税资料多、耗时长、程序烦琐是纳税人和税务工作面临的最大难题，如何实现便捷、快速的退税办理是关键所在。于是，黄丹与工作室成员积极向东莞市税务局相关的业务科室汇报了这一情况。东莞市税务局立即开展信息技术创新，利用现代智能信息技术，推出了"莞慧退"平台。并将平台上多个退税业务模块进行了系统集中，纳税人和税务工作者能够快速获取系统内的各项数据进行智能比对。这样在退税业务办理的过程中切实提高了纳税人、缴费人在勾选退税项目时所享受的减税降费精准性，避免了纳税人、缴费人错过减税降费的优惠。

除此之外，黄丹在企业调研中了解到，退税业务办理需要填写很多信息，有些关键信息一旦写错便需要重新办理和审核。他意识到，新的退税方式必须解决这一痛点。于是，在黄丹的提议下，"莞慧退"在退税流程中会对全市的退税资料进行实时电子传输，自动批量录入文书，自动开具收入退还书，实现了办税业务全流程无纸化流转传送、自动开具、智能复核。如果有纳税人名称、退税金额等相关信息填错，平台会对错误信息进行智能拦截并提醒纳税人及时更正。这些都会在退税业务办理的流程中被实时监控，方便纳税人一次性办理好退税业务，这也让纳税人实现了"单平台、一窗式"办理，有效提高了办税服务的效率。

3R思想政治教育品牌建设

除了税务业务的提升，黄丹还致力于税务系统的思政建设。黄丹劳模创新工作室成立多年来，黄丹与工作室的成员们打造了多个关于思政教育的创新项目。作为一名税务工作者，黄丹切实感受到了坚守在税务服务大厅的税务工作者需要凝心聚力，在紧张忙碌的工作中能够增强职业认同感和归属感。税务工作者在税务办理大厅会接触到各式各样的税务办理业务，还会遇上形形色色的纳税人，在工作中如果只有紧张和严肃的气氛，那会给工作人员的心理带来不好的影响。黄丹从进入税务系统的那天起便感受到了税务工作者的光荣和税务系统内同事、前辈的关爱与教导。他希望将这份温暖传递下去，这不仅是老税务工作者对新税务工作者的关心、爱护，更是一个行业发展必须坚持下去的传承。

"相互包容、真心融合、共享荣光"是黄丹在打造3R——"容·融·荣"思想政治教育品牌建设时的宗旨。黄丹希望通过

"容"来增强税务工作者的认同感；通过"融"来增强他们的归属感；通过"荣"来提升全体税务人员的职业荣誉感。黄丹认为，税务工作者只有凝心聚力，共同营造一个和谐的工作氛围，才能全身心地投入税务工作。在面对烦琐的工作流程、复杂的数据以及众多纳税人时，税务工作者需要有信心、有勇气去面对，而这些都源于内心的职业认同感、归属感和荣誉感，纵使前路坎坷，也会有同事与自己并肩作战。黄丹和工作室成员为了这一目标的实现付出了许多努力，他们期待看到全体税务工作者携手同行，为纳税人提供更加专业、更加高效的服务，为单位争取更多的荣誉。

第五章　志愿服务做公益

最美家庭

　　工作重要，生活也同样重要。黄丹认真对待税务工作，积极追求幸福生活。早在退役前，他就结识了自己后来的妻子曾莉莉。二人相识相知，经历重重考验，最终成就了美好的姻缘。黄丹曾经说过，自己和妻子曾莉莉的媒人是书本，是"书媒"让他们能够牵手成功，相知相爱，并且组建家庭。他们的人生中不仅充满了酸甜苦辣，还有满满的书香味。

书香结缘

　　正如小说的情节一般，一个英勇的青年军人在医院休养，一个阳光正好的下午，他在不经意间看到了在繁忙工作的间隙认真看书的小护士。那时，黄丹并不知道自己已经动心了，性格内敛的他并不敢主动追求女孩子，只是在心底记住了那个爱看书的小护士的名字——曾莉莉。

　　2001年底，黄丹即将退伍。在部队的五年里，黄丹除了阅读军营的图书，还自己购买了很多书来阅读。退伍前收拾个人物品

⊙ 2019年3月9日，黄丹（右二）一家参加东莞市望牛墩镇家风建设项目系列活动

时，黄丹面对自己的这一摞书发了愁，该如何安置它们呢？思来想去，黄丹脑海中浮现出了曾莉莉在医院捧着书看的场景，他决定试着联系曾莉莉，并打算把自己的这些宝贝都送给她。结果黄丹成功了。这次带着"小心机"的赠书，让曾莉莉对黄丹的印象变得深刻起来，此前，他们并没有太多的交集，通过这次赠书，两人互相留下了联系方式。

黄丹退役回家后，又接连辗转在西安、大连两座城市，等到了东莞安定下来后，他和远在柳州的曾莉莉通了书信。两个积极进取的青年在一封封书信往来中了解了彼此，在互相的鼓励和支持中加深了情感。两颗年轻的心在不知不觉间慢慢靠近，爱情的火花也开始在字里行间的关心中渐渐燃起。

2003年，勇敢的曾莉莉为爱奔赴东莞，她相信黄丹的眼光，相信东莞的发展，也相信自己没有选错人。在离开柳州的部队医院后，她凭借自己过硬的专业技能顺利应聘到了东莞的医院，自此定居东莞，与黄丹并肩奋斗。朝夕相处让他们之间的感情更加坚定，三年后，曾莉莉与黄丹有情人终成眷属，他们在东莞登记结婚，组成了幸福的小家庭。

书香之家

黄丹和曾莉莉的婚后生活十分励志，原本勤奋好学的夫妇二人在婚后更加用功，他们互相监督，彼此鼓励，除了在各自的岗位上发光发热，还利用业余时间大量地阅读和学习专业知识。

黄丹通过努力学习，考取了中国传媒大学新闻学本科文凭。后来，他积极写作，在各大网络平台和各种报刊上发表了数十万字的文学作品。值得骄傲的是，他还被东莞市作家协会吸收为会员，当年坐在灶台边爱阅读的小书迷如今已经成长为一名优秀的作家。

每到世界读书日，黄丹便会重温一遍《平凡的世界》。路遥先生笔下那些为了生活和梦想而拼搏奋斗的人物总会给予黄丹鼓励，让他产生共鸣。这个快速发展的时代无疑是美好的，可生活在安逸中的人们却浮躁不已。有多少人看到或遭遇了命运的不公，又有多少人能沉下心来砥砺前行？黄丹希望更多的人能够平心静气地享受阅读，接受文学对灵魂的洗礼，在这喧嚣的世界中寻找自己的梦想，并为之不懈努力，用尽一生去奋斗。

妻子曾莉莉也不甘示弱，她凭借自己过硬的专业知识，取得了广东医科大学护理学专业本科文凭。来到东莞以后，她还积极在医学期刊上发表多篇论文，通过了副主任护师、健康管理师等职业资格考试。此外，曾莉莉还作为副主编参与了《老年护理学基础》等医学教材的编著。

曾莉莉是东莞市厚街医院呼吸与危重症医学科的一名护士，担任科室的护理组长。同时，她也是广东省健康管理学会呼吸病学专业委员会护理及器械管理专业学组委员。早在参加工作之初，她便坚持学习，不断更新自己的专业知识，增强业务能力。曾莉莉始终对时代的发展和医疗技术的进步心存敬畏，她能够在护理专业知识的更新中不断保持积极学习的态度，熟练掌握更为全面的护理技能。在多年的工作中，她练就了一身过硬的护理本领，并且多次参加了专项护理竞赛，还获得不少的奖项和荣誉。

公益之家

黄丹和曾莉莉在闲暇时都喜欢阅读。在父母的耳濡目染下，他们的儿子也养成了良好的阅读与学习习惯。父母在忙工作时，儿子便自己读书学习，在父母的潜移默化下，他每年都用压岁钱购买自己喜欢的书籍。在学校里，黄丹的儿子会积极参加学校组织的各项作文比赛，还曾多次获奖。值得一提的是，他的获奖文章还登上了"学习强国"平台，这让黄丹与曾莉莉感到十分欣慰与自豪。

2021年，黄丹一家被评选为东莞市"书香之家""东莞市最美家庭"。

作为一个母亲，曾莉莉却把大把的时间都花费在照顾患者上，对于儿子的关心和照顾少之又少，而丈夫黄丹的工作又极为忙碌，闲暇时间也总是参加志愿服务和助学活动。夫妻二人都很忙碌，幸好，他们的儿子很懂事，很独立，很少让他们分心。黄丹和曾莉莉看着儿子日渐长大，心中既欣慰又愧疚，可他们依旧选择在自己的岗位上坚守，因为除了自己的小家，还有更多需要他们用心照顾的大家。

曾莉莉在医院里以自己的专业本领照顾患者，通过实际行动来展示新时代职业女性的魅力。由于表现优异，从2007年起，曾莉莉多次被评选为市级、镇级及院级"优秀护士""最美护士"以及"优秀护理组长"。作为经验丰富的优秀护士，曾莉莉还认真完成了实习生的带教工作，并荣获了"优秀带教老师"的称号。

除了日常的工作任务，曾莉莉也同丈夫黄丹一样积极投身到志愿服务的工作中。哪里有需要，她总是第一时间赶到，在各项任务中，她总是去得最早，回得最晚，凌晨到家对她来说已经是家常便饭。2022年，曾莉莉获评厚街镇"最美巾帼奋斗者"荣誉称号。

在不知不觉间，黄丹的儿子已经上了初中。夫妻二人忙于事业和公益，儿子便自己打理生活，他总是主动分担力所能及的家务，自觉照顾好自己，不让父母分心。对此，黄丹心存愧疚，但更感到欣慰。他们冲锋在前的时候，是带着自己的使命和担当的，自己割舍下小家，是为了国家，是为了大家。黄丹相信，自己的儿子能够理解父母，也坚信儿子在这样的环境中成长，以后一定会成为一个对国家、对社会有贡献的人。

由于黄丹一家人积极参与社会公益，他们自强不息、乐于助人的精神，在社区、在工作单位、在社会上都获得了广泛的关注和赞誉。黄丹一家先后被评选为"东莞市文明家庭""东莞市最美军人家庭""广东百户最美家庭""全国五好家庭"等。在这些荣誉称号的认可下，黄丹一家人也更加明白人生的意义不只是为了自己的小家而奋斗。达则兼济天下，黄丹从课本里学到了这句话，在生活和工作中体会着这句话，在社会实践中践行着这句话。他一路走来，在努力提高自己能力的同时，还一直在为社会、国家贡献着属于自己的力量。或许他的力量并不强大，但他切切实实地为许多人带来了帮助。黄丹和家人齐心协力，用自己的"小家"推动着"大家"向善向上，让点滴的力量迸发出了耀眼的光芒。

助学之路

早在2001年底，黄丹退伍返乡途中去拜访一位老同学，老同学正在一所学校任教。黄丹到学校去找他，正巧在校园里遇到一个瘦小的男孩，男孩站在教室外面，手里拿着一小截已经被削得几乎握不住的铅笔，趴在窗子边上听课。黄丹看着这一幕，内心很受触动。

后来，黄丹向老同学打听了一番之后才了解到，这个小男孩以前也是这所小学的学生，由于他的家庭突遭变故，母亲意外去世，父亲也因为身患重病常年卧床不起，家中还有一个年幼的妹妹。家中的主要劳动力没有了，小男孩便需要回家照顾卧床的父亲和年幼的妹妹。他小小年纪就得独自支撑起整个家庭。由于家庭贫困，家里遭遇变故后也失去了经济来源，他交不起十几块钱的学费和课本费，只能被迫辍学。但这个男孩十分好学，他不想就此放弃读书的机会，在做完家务、农活儿，安顿好父亲和妹妹后，他就会抓住一切机会偷偷跑到教室外听课。学校的老师们看着他如此好学，也不忍心把他赶走，就默许他在窗外旁听。

黄丹了解了这个小男孩的遭遇，又想起小男孩把脑袋探进教室窗户认真听课的样子，不禁回忆起自己小时候求学的经历，往事如丝丝细雨，浸润了他的眼眶、他的内心。这个小男孩艰难的求学之旅像极了自己当年在陇那村泥泞小路上一步一步前行的煎熬，这种苦难是熟悉的，是感同身受的，是黄丹不希望再有人去经历一遍的。黄丹想到了当年自己在田东中学受到爱心人士资助的经历。他看到眼前这眼睛里满是光芒的少年，毫不犹豫地答应要承担他在这里读书期间的学费，尽管当时他自己的工作还没有着落。

后来，黄丹经西安、大连辗转到东莞，在望牛墩税务分局工作了一个月后，他领到了自己的第一笔工资，大约1000元，他十分激动，因为这是他退伍后赚到的第一笔钱。工资到手，黄丹立即就将钱寄给了那个在窗外听课的小男孩。这算是黄丹真正意义上的第一次助学行动。自此，他便决定以后每月都从工资里节省

⊙ 黄丹在助学走访现场与受助的学生谈心

出100元，去帮助山区里的贫困家庭，让那些因为交不起学费而辍学的孩子们重新回到课堂。

或许有人觉得100元并不能解决什么大问题，对于当时全国那么多贫困学生来说简直是杯水车薪。但事实上，对于山区的贫困家庭而言，100元能够给有需要的孩子带来很大的帮助和鼓励，虽然100元不是大数目，但是却能够让家庭困难的孩子交得起学费，让他们安心度过一个美好的学年。当然，投入金钱并不是解决学生贫困的主要方法，给予山区的孩子精神上的鼓励才更为重要。"扶贫先扶智""百年大计，教育为本"，黄丹坚信不疑，他常常给孩子们一些正面的引导，启发他们好好学习，引导他们通过知识、通过学习走出大山，改变命运。

一次，他了解到隆林县一个女童班里有五个孩子因家庭状况不好面临辍学，黄丹毫不犹豫地资助了她们。后来，他又资助了贵州罗甸、广西田东、广西鹿寨、广东乳源的四个孩子。每每去山区进行助学走访，黄丹都会被那里的环境和四周环绕的大山戳到心底最柔软的部分。

在他投身助学行动时，他并不是一个人在战斗，他的妻子曾莉莉也在用自己的方式大力支持助学行动，与黄丹一样，曾莉莉也曾"一对一"结对资助了粤北山区乳源瑶族自治县的一名女孩。曾莉莉在资助她的过程中深深感受到了自己对于这个社会的价值。从此之后，曾莉莉也多次跟随丈夫远赴贵州和广西山区参与了关爱乡村小学生的"护蕾行动"公益项目。

曾莉莉通过自己的专业知识丰富了助学活动的内容。她曾以主讲人的身份，参加了东莞市护理学会组织的"护花天使进校园"活动。作为一名医护人员，同时作为一名女性，她非常用心地构思如何把生理卫生知识以更加适合孩子们接受的方式教给他们。青少年在成长发育的过程中需要加强心理健康教育和自我保护意识，为此，曾莉莉还向小学中、高年级的女生们教授了生理卫生健康和自我保护知识的课程。

父母热心公益宣讲，孩子自然也深受影响，黄丹和曾莉莉的行为在潜移默化中培养了儿子乐于助人的精神。从小学开始，黄丹的儿子就经常跟着父母一起前往山区进行助学走访。其间，他看到了不同的风景，泥泞的山路、破败到无法居住的自建房，体会到了学习的机会得来不易。少年易老学难成，一寸光阴不可轻。黄丹带着儿子在山路上一步一步朝前走着，告诉儿子自己的求学之路便是这样，他希望儿子能够继续朝前走去，走向更远的地方，做更加有意义的事情。黄丹的儿子也亲身体会到了帮助别人的意义，那些课本上帮助别人、快乐自己的文字开始融进他的心里，生根发芽……

⊙ 2014年9月，黄丹到广西鹿寨县导江乡中心校发放助学金时与受助学生
合影

"莞爱"助学行动

信中的"丹姨"

黄丹劳模创新工作室成立以后，黄丹便在东莞市税务局的支持下发起了"莞爱税行"专项助学行动。他们对东莞市税务系统对口帮扶地区的困难学生进行了资助，使这些家庭困难的孩子能够有学上，上好学。

资助一开始，由于通信手段尚不发达，黄丹大多时候只能通过书信来与资助的学生们交流。在他助学的早期，为了守护受资助的孩子敏感细腻的心，他从来不露面。他资助的那些孩子也没有见过他，因此当他偷偷前往山区去看望他资助的孩子们时，哪怕是面对面交流，孩子们也都没有想到他就是那位一直以来默默资助自己的人。

黄丹和受资助的孩子们感情很好，他与孩子们通过很多信，在信中，他总是鼓励孩子们努力读书改变命运。由于没有见过面，孩子们一直以为黄丹是位女士，便在回信中称呼黄丹为"丹姨"。久而久之，黄丹自己也习惯了"丹姨"这个称呼。

⊙ 2010年7月，作为东莞阳光助学社"手牵手，走出大山看中国"爱心夏
　令营的组织者之一，黄丹（右一）带领大山里的孩子到东莞游学

2017年6月，黄丹一直在资助的一位在读大学生想要见见这位默默资助自己的"丹姨"。他专门从外地跑到东莞来感谢黄丹，一见面，他才发现原来自己叫了那么多年的"丹姨"竟然是一位热心的大哥。

黄丹坦言道："其实我资助学生也是有三个愿望的。第一是希望他们能成为自食其力的人；第二，希望他们再努力一点儿，成为能够给整个家庭带来更大改善的人；最后，我更希望自己能够发挥榜样作用，给他们一点儿启迪，鼓励他们成为对国家对社会有用的好人。"

积极参与助学走访

每次走进大山开展助学走访活动的时候，黄丹总是会分享一些自己与大山的故事，鼓励山区的孩子们坚持读书，坚持学习，他希望通过自己的故事和经历能够拉近他和孩子们之间的距离，并激励孩子们自立自强。通过那些真挚、朴实的欢声笑语，黄丹在大山深处为孩子们点燃了心中的火种，照亮了他们被大山挡住的路。

自开展助学行动以来，也有人问过黄丹为什么要这样做。对于黄丹来说，他当年努力从大山里走出来，在工作稳定后完全可以沉浸在自己温暖的小家庭里享受生活。但他却选择在有能力后再次走进大山，就是为了帮助那些和他当年一样在求学之路上艰难前行的孩子，为此，他会竭尽所能为他们提供帮助。除了自己资助贫困山区的孩子外，黄丹还发动了更多的人加入其中。他坚信一花独放不是春，助学行动需要团结更多热心公益事业的人。

2007年，黄丹由独自助学改为加入当时东莞知名企业家叶旭安创办的公益助学组织——东莞阳光助学社。这个助学组织当时小有名气，是后来的东莞市阳光公益服务中心的前身。黄丹加入这个组织后，成为一名义工，除了在当地开展助学活动外，2008年5月，他还跟着公益助学团队进行了外出助学活动。

那次外出助学走访带队的是东莞民间知名公益助学前辈刘广湘，他也是东莞市阳光公益服务中心现任理事长，他化名为"刘期望"，于1996年9月起便开始了助学公益行动。令黄丹敬佩的是，他每个月都会从微薄的工资里拿出三分之一，以"刘期望"的名义资助湖南、贵州等地的20名家庭困难学生。黄丹听同行的人介绍，刘广湘一直帮助那些孩子完成了从小学到大学的学业，资助的金额总计高达13万元。听到这些，黄丹不禁肃然起敬，并深受他的影响，更加积极地参与爱心公益助学实地走访活动。

黄丹一直记得他第一次参与实地助学走访的经历。在广西贵港的山区，黄丹跟着助学团队在山村里走了两天，那里的山路像极了陇那村那曲曲折折的羊肠小道，根本无法通车。黄丹和团队的成员们跟着老大哥刘广湘在村里走访了30多户人家，许多贫困家庭的孩子在不能通车的小路上看着他们，眼神中闪耀着希望的光。通过观察，黄丹发现那些孩子虽然在山里的生活很贫困，但对于通过读书改变命运的愿望十分强烈，他们的身上有着比当初的自己还要强烈的读书欲望和永不放弃的精神。这让黄丹感到为之一振，他更加坚定了持续做公益助学的信念。

在这些年的助学路上，黄丹颇有感触："如果贫困家庭的孩子不能通过持续的学习掌握更多更有用的知识来改变命运，那贫困的状况就有可能无法隔断。山里面的孩子，可能因为我们的一份关爱，看到了希望，这样他们才有可能对知识改变命运有更深刻的理解，这是我们坚持助学的原动力。"

在十数年中，黄丹除了2009年因为孩子出生没有外出走访助学，其余的空闲时间几乎都被他投入到助学走访活动中去。他和助学团队曾经先后100多次到云南、贵州、广东、广西、湖南五个省区的25个市县，走访了800多户困难学生家庭，他们的足迹遍布大山深处的每一条蜿蜒小道，他们的助学行程超过了十万里。这些年来，他几乎每年都会在大山里走上十天甚至半个月。在助学走访的道路上，黄丹蹚过河，也爬过山，有时要在这样艰险的道路上步行半天，他的脚上常常会被磨出水泡。在行程中，有时还会因为攀爬而被树枝、荆棘刮伤，但他从来不觉得辛苦，倒是乐在其中。

走访、资助了那么多的学生，黄丹记忆最深刻的是那年前往广西那坡县做宣讲活动时遇到的小男孩……

那是2008年11月，黄丹作为领队与助学团队前往与越南接壤的广西那坡县走访。11月份的山里已经比较寒冷，抵达那里的时候还下着雨，黄丹和团队的成员们在小学做完宣讲后，看到了教室角落里有一个男孩光着脚。窗外刮着寒风，风中夹着冷雨。在陈旧的校舍中，黄丹看着这个赤脚的男孩感到很吃惊。他问了当地的老师才知道，那个男孩是个孤儿，和奶奶相依为命。当时的黄丹心中很不是滋味，他立刻跑去附近的集市上买了一双几十块钱的运动鞋送给他，后来在离开这所学校后，他也为这个男孩找到了一个资助人帮助他完成学业。

两年后，黄丹跟着团队再一次回访那坡县。让黄丹感到吃惊的是，那个男孩的脚上还穿着当初自己做宣讲时购买的那双鞋子，尽管男孩因为长大而穿不进那双鞋子，但他舍不得扔，只好压着脚跟半穿着。黄丹想不明白，他走了两年多的山路怎么可能还没有穿烂这双鞋？黄丹一问老师才知道，这个孩子平时在上下学的路上都光着脚板，只有到了学校把脚擦干净才肯穿上鞋子。黄丹心疼地问男孩为什么要这样做，男孩回答道："我奶奶让我好好珍惜。"听到男孩的回答，黄丹顿觉热泪盈眶。黄丹和助学团队的成员们心里都感到十分疼惜，他们知道，孩子珍惜的不只是这一双鞋，更是来自社会爱心人士们的关爱。后来，这个男孩因为有了爱心人士的长期资助和鼓励，奋发读书，成功考上了大学。

　　黄丹在助学期间也深受启发：能够帮助多少个孩子并不是目的，而是要让已经得到帮助的每一个孩子看到希望。在多次助学行动中，他也意识到，自己其实也在和这些孩子们一起成长，是这些孩子给予了自己一个表达爱的机会，给予了自己一个反哺社会的机会。那个走出大山的孩子，再次走进了大山深处，他深深地爱着这片土地上的一切！

最美志愿者

　　2020年，全球新型冠状病毒肺炎（以下简称新冠肺炎）暴发。自那时起，黄丹和曾莉莉夫妻俩又主动承担了在一线抗疫的任务。他们抛下正在上小学的儿子，前往一线，用自己的行动为东莞的"健康保卫战"贡献自己的力量。

　　人民至上，生命至上。作为东莞市退役军人军号志愿服务总队的总队长、东莞好人志愿服务队的秘书长，黄丹只要接到工作任务，便克服万难，第一时间奔赴一线。他秉承昔日在部队里不怕苦、不怕累的精神，积极协调统筹退役军人志愿者和好人志愿者们就地参加东莞市各镇街的志愿服务。在参加一线志愿服务期间，黄丹不顾自己尚未痊愈的脚伤，一瘸一拐地坚守在核酸检测

⊙ 2020年10月，黄丹受邀参加新时代文明实践宣讲活动

现场帮忙维持秩序，清点人员，还协助现场人员扫码登记。检测高峰时，黄丹和志愿者们都是连续工作几个小时，顾不上喝水，也顾不上休息。

作为医护人员的曾莉莉更是义无反顾投入到医疗救护工作中。医护人员的工作本就十分艰辛，疫情防控期间，更是没日没夜地辛勤付出，她除了和大多数护士一样，在医院为患者做配药、输液、巡视、翻身、鼻饲、吸痰、雾化、口腔护理等相关工作，还要配合社区、医院等做好疫情防控工作。

就这样，黄丹和服务队成员一起走村串巷，做入户动员与排查工作，曾莉莉则在医院伴随着咳嗽声、呻吟声、医疗仪器的警报声在各个病房间奔走。他们夫妻二人每天早出晚归，有时候忙到互相见不到彼此。在最忙碌的时间里，他们都累得一回家倒头就睡，第二天又继续前往一线奋战。

公益达人

2012年7月，黄丹受邀参加"我的打工成才之路"大型巡回演讲活动，作为嘉宾的黄丹共计参加了八场巡回演讲，并因此开始被人熟知。自此，他拥有了一个新的身份——传播正能量的

⊙ 2020年7月，黄丹获评首届"广东最美退役军人"

"公益达人"。

由于在巡回演讲中表现优异，当时的东莞电视台《百姓关注》栏目编导赖薇联系到黄丹。赖薇将黄丹和路遥的作品《平凡的世界》里的主人公孙少平作了比较，并以此为黄丹制作了电视专题纪实报道——《黄丹的平凡世界》。黄丹从一个无资历、无背景的普通打工者一路拼搏，在自己的岗位上发光发热、向上向善，还竭尽全力投入助学行动中。他的故事引起了很多观众的共鸣和关注，特别是在东莞打工的那些外来务工人员，黄丹的奋斗历程给予了他们很大的鼓舞。

在此之后，黄丹接连收到了道德讲堂、公益讲座、主题宣讲等邀约，他也先后成为东莞市望牛墩莞邑百姓宣讲团成员、中共望牛墩镇委党校讲师、东莞好人宣讲团和东莞市总工会劳模宣讲团特聘讲师、东莞市"小家大国最美家庭"分享团成员、东莞市老兵宣讲团成员、东莞市税务局道德讲堂和广东省税务干部学校"税务青年说"的专职讲师、全国老兵宣讲团成员等。

近十年来，黄丹在每一次演讲中都大力弘扬公益理念和拼搏精神，号召更多的人在力所能及的情况下去帮助身边的人，回馈社会。他先后进学校、进企业、进机关，大大小小的宣讲活动累计150多次；他先后获得了"东莞好人""东莞最美志愿者""东莞市优秀志愿服务工作者""东莞市道德模范""广东省向上向善好青年""广东最美退役军人""广东好人"等荣誉

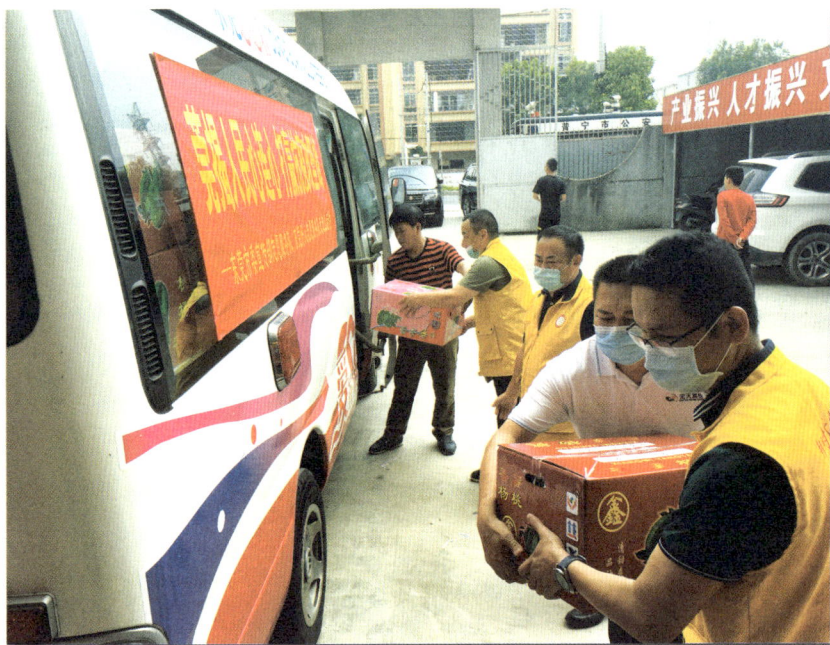

⊙ 黄丹（右一）在抗疫一线搬运物资

称号，这些称号和荣誉带给了黄丹很大的鼓舞，让他继续有信心在自己选择的道路上前行。

作为一个具有20年志愿服务经验的公益达人，黄丹在各项公益活动的组织中承担了组织策划工作，他发动了家人、朋友一起加入公益慈善活动，也间接推动了整个东莞的税务系统开展志愿服务活动。黄丹在传播公益的道路上努力发挥着自己的光和热，为更多的人传递希望与爱……

正如黄丹所追求的"善世而不伐，德博而化"，他以无畏艰难的拼搏、敬业创新的职业精神和乐于助人的系列行动引导世人向善，但从不夸耀，以博大的德行和坚忍的毅力去践行自己的理想。黄丹和爱人、朋友、同事、战友们在新时代的历史起点上继续凝心聚力，踔厉奋发。在未来的道路上，在建功新时代的征程中，他永不止步……